COMPAGNIE

DES

CHEMINS DE FER DU MIDI

RECUEIL

DES

CONVENTIONS, LOIS ET DÉCRETS

Période 1912-1927

TABLE ANALYTIQUE [1]

---

(1) Voir Table des Matières page 183

LOI

du 13 Juillet 1912

déclarant d'utilité publique l'établissement dans les départements des Basses-Pyrénées et des Landes, des chemins de fer d'intérêt local de Saint-Jean-de-Luz à Peyrehorade, de Saint-Palais à Saint-Jean-Pied-de-Port, du chemin de fer à crémaillère de la Rhune et d'une usine hydro-électrique à Licq-Atherey, avec ses diverses installations.

(Journal officiel du 23 Juillet 1912.)

Le Sénat et la Chambre des Députés ont adopté,

Le Président de la République promulgue la loi dont la teneur suit

ARTICLE PREMIER

Est déclaré d'utilité publique l'établissement, dans les départements des Basses-Pyrénées et des Landes :

a) Des chemins de fer d'intérêt local de Saint-Jean-de-Luz à Peyrehorade, avec embranchement d'Ascain à Sare et de Saint-Palais à Saint-Jean-Pied-de-Port, avec embranchement sur Mendive ;

b) Du chemin de fer à crémaillère de la Rhune ;

c) D'un barrage dans la vallée de Saison, d'une usine hydro-électrique à Licq-Atherey, et des installations nécessaires à l'exploitation des lignes précitées et de diverses lignes à concéder ultérieurement.

ART. 2.

La présente déclaration d'utilité publique sera considérée comme nulle et non avenue si les expropriations nécessaires pour l'établissement des lignes et de l'usine et ses accessoires ne sont pas effectuées dans un délai de cinq ans à partir de la promulgation de la loi.

ART. 3.

Le département des Basses-Pyrénées est autorisé à pourvoir à la construction et à l'exploitation de ces lignes, comme chemins de fer d'intérêt local, suivant les dispositions de la loi du 11 juin 1880, et conformément aux clauses et conditions :

1° De la Convention passée, le 10 novembre 1910, entre les départements des Basses-Pyrénées et des Landes, pour la concession, par le dernier au premier, de la section de la ligne de Saint-Jean-de-Luz à Peyrehorade située dans le département des Landes ;

2° De la convention passée, le 24 juin 1912, entre le Préfet des Basses-Pyrénées, au nom du département, et MM. Ader, Giros et Loucheur, ainsi que la série de prix et du cahier des charges annexés à cette Convention, pour la concession ou la rétrocession des lignes du groupe *a*) de l'article premier et de l'usine hydro-électrique de Licq-Atherey, avec ses diverses installations ;

3° De la Convention passée, le 24 juin 1912, entre le Préfet des Basses-Pyrénées, au nom du département, et MM. Ader, Giros et Loucheur, ainsi que du cahier des charges annexé à cette convention, pour la concession de la ligne de la Rhune.

Une copie certifiée conforme de ces Conventions, cahiers des charges et série de prix restera annexée à la présente loi.

ART. 4.

Sont approuvées :

1° La Convention passée, le 25 juin 1912, entre la Compagnie des Chemins de fer du Midi et MM. Ader, Giros et Loucheur ;

2° La Convention passée, le 27 juin 1912, entre le Ministre des Travaux publics, des Postes et des Télégraphes, agissant au nom de l'État, et la Compagnie des Chemins de fer du Midi.

Art. 5.

L'enregistrement de chacune des Conventions mentionnées à l'article 4 ci-dessus, et qui resteront annexées à la présente loi, ne donnera lieu qu'à la perception du droit fixe de trois francs (3 fr.).

Art. 6.

Pour l'application des articles 13 et 14 de la loi du 11 juin 1880 et 12 du Règlement d'administration publique du 20 mars 1882, le maximum du capital du premier établissement des lignes du groupe *a*) est fixé à la somme de huit millions huit cent trente-cinq mille francs (8.835.000 fr.), dont 8.295.000 fr. pour le département des Basses-Pyrénées et 540.000 fr. pour le département des Landes, non compris les intérêts, pendant la période de construction, de la participation propre des concessionnaires, intérêts dont le montant a été fixé à forfait à 5 % de cette participation.

Le maximum de la charge annuelle pouvant incomber au Trésor est fixé à la somme de cent-quatre-vingt-deux mille cinq cent quinze francs (182.515 fr.), dont 171.360 fr. pour le département des Basses-Pyrénées et 11.155 francs pour le département des Landes.

Jusqu'au 1er janvier qui suivra la mise en exploitation complète du réseau, la subvention de l'État pourra être allouée séparément à chacune des lignes, au fur et à mesure de leur ouverture à l'exploitation. Le maximum de la charge annuelle pouvant incomber au Trésor sera en ce cas fixé :

A cent vingt-deux mille quatre-vingt-dix francs (122.090 francs) pour la ligne de Saint-Jean-de-Luz à Peyrehorade, dont 110.935 francs pour le département des Basses-Pyrénées et 11.155 francs pour le département des Landes ;

Et à soixante mille quatre cent vingt-cinq francs (60.425 fr.) pour la ligne de Saint-Palais à Saint-Jean-Pied-de-Port.

Si par suite du déversement des recettes de la ligne de la Rhune et du tramway de Bayonne à Hendaye, par la Barre et Biarritz, stipulé dans les Conventions relatives à cette ligne et à ce tramway, les recettes nettes des lignes du groupe *a*) de l'article premier venaient à atteindre 5 % du capital de premier établissement de ces dernières lignes, la subvention de l'État serait suspendue. Elle serait réduite, le cas échéant, de manière à ne pas attribuer au capital de premier établissement plus de 5 % par an.

ART. 7.

Dans le cas où, conformément aux dispositions des Conventions annexées à la présente loi, les départements participeraient aux recettes d'exploitation des ouvrages visés à l'article premier et du tramway de Bayonne à Hendaye, les sommes versées à ce titre dans les caisses des départements seraient réparties entre l'État et les départements, proportionnellement aux charges effectives supportées pour l'année par chacun d'eux.

ART. 8.

Pour l'établissement et l'exploitation des lignes de transport d'énergie électrique affectées au service des lignes de chemin de fer visées à l'article premier et de la ligne du tramway de Bayonne à Hendaye, les concessionnaire seront tenus de se conformer aux lois et règlements concernant les distributions d'énergie électrique.

Les branchements ayant pour objet de desservir toutes les autres entreprises ne pourront être établis que dans les formes prévues par les lois et règlements sur les distributions d'énergie électrique.

La présente loi, délibérée et adoptée par le Sénat et par la Chambre des Députés, sera exécutée comme loi de l'État.

Fait à Paris, le 13 juillet 1912.

A. FALLIÈRES.

Par le Président de la République :

Le Ministre des Travaux Publics, des Postes et des Télégraphes,

JEAN DUPUY.

Le Ministre des Finances,

L.-L. KLOTZ.

CONVENTION [1]

entre la Compagnie des Chemins de fer du Midi et MM. Ader, Giros, et Loucheur, concessionnaires de diverses lignes de Chemins de fer d'intérêt local et de tramways dans le département des Basses-Pyrénées et accessoirement dans celui des Landes.

L'an 1912 et le 25 juin,

Entre la Société Anonyme établie à Paris, sous la dénomination de Compagnie des Chemins de fer du Midi, représentée par M. Georges Teissier, président du Conseil d'Administration, élisant domicile au siège de ladite Société, boulevard Haussmann, n° 54, à Paris, agissant en vertu des pouvoirs qui lui ont été conférés par délibérations du Conseil d'Administration, en date du 17 février 1911 et du 21 juin 1912,

D'une part,

Et MM. Ader, négociant à Bayonne, et Giros et Loucheur, demeurant à Paris, 69, rue de Miromesnil, concessionnaires de diverses lignes de chemins de fer d'intérêt local et de tramways dans les départements des Basses-Pyrénées et des Landes, agissant tant en leur nom personnel que conjointement et solidairement,

D'autre part,

Il a été convenu ce qui suit :

ARTICLE PREMIER

La Compagnie des Chemins de fer du Midi, pour faciliter l'établissement d'un réseau électrique de lignes de chemins de fer d'intérêt local et de tramways dans la partie ouest du département des Basses-Pyrénées et, accessoirement, dans celui des Landes, s'engage à accorder, dans les conditions définies à la présente Convention, une garantie d'intérêt aux lignes de :

1° Saint-Jean-de-Luz à Peyrehorade, avec embranchement d'Ascain à Sare ;

2° Saint-Palais à Saint-Jean-Pied-de-Port, avec embranchement de Saint-Jean-le-Vieux à Mendives ;

(1) Convention approuvée par l'Assemblée générale extraordinaire du 15 novembre 1912. (Voir note page 15.)

3° Chemin de fer à crémaillère de la Rhune ;

4° Bayonne à Hendaye par la Barre et Biarritz, concédées ou rétrocédées à MM. Ader Giros et Loucheur, par trois Conventions en date du 21 juin 1912, intervenues entre le département des Basses-Pyrénées et lesdits concessionnaires.

Cette garantie s'étendra, en outre, à l'usine hydro-électrique de Licq-Atheray destinée à alimenter les lignes précitées, ainsi qu'aux lignes de transports de l'énergie électrique.

Art. 2.

En cas d'insuffisance des recettes de l'ensemble des lignes mentionnées à l'article précédent et de l'usine hydro-électrique de Licq-Atherey, déduction faite des impôts sur les transports et, s'il y a lieu, de la part desdites recettes attribuée au département par les Conventions de concession, mais y compris les annuités qui auront été payées par ce département aux concessionnaires en exécution de la convention relative aux lignes 1° et 2° ci-dessus, pour faire face aux dépenses et charges suivantes :

1° Dépenses d'exploitation et d'entretien de toute nature y compris les frais d'administration, les impôts, les loyers et, s'il y a lieu, les frais d'exploitation payés à la Compagnie du Midi pour les gares de jonction avec son réseau, les frais de contrôle, les dépenses relatives aux accidents de toute nature, pertes, avaries, retards, incendies, etc., les allocations pour retraites, institutions de prévoyance et secours et les prélèvements destinés à la constitution du fonds spécial de renouvellement de la voie et du matériel fixe et roulant, prévue par la Convention de concession en ce qui concerne les lignes dénommées au 1° et 2° de l'article précédent, lesdites dépenses contrôlées et arrêtées par la Compagnie des Chemins de fer du Midi :

2° Charges d'intérêt et d'amortissement, au taux de quatre pour cent (4 °/°) l'an sous la réserve formulée pour l'amortissement au dernier alinéa du présent article du capital-actions engagé par les concessionnaires dans l'établissement de l'ensemble des lignes susmentionnées, la fourniture de leur matériel roulant et de leur outillage, la construction de l'usine hydro-électrique et l'établissement des lignes de transport d'énergie ;

Et 3° Charges effectives (intérêts, amortissement et frais accessoires) des emprunts que les concessionnaires auront pu être autorisés à contracter pour parfaire, avec le capital-actions susvisé, la somme à avancer par eux au département des Basses-Pyrénées, en vertu de la convention de concession pour l'établissement des lignes dénommées aux 1° et 2° de l'article premier ci-dessus, augmentée des dépenses à leur charge exclusive pour les autres lignes et pour l'usine de Licq-Atherey, ainsi que les dépenses de travaux complémentaires de toute nature, sans que le montant total du capital-actions et des emprunts puisse dépasser le chiffre de seize millions cinq cent mille francs (16.500.000 fr.) ; la Compagnie des Chemins de fer du Midi payera la différence à titre d'avance.

Si, au contraire, les recettes — déduction faite des impôts sur les transports et, s'ily a lieu, de la part desdites recettes attribuée au département, mais y compris les annuités qui auront été payées par ce dernier aux concessionnaires, en exécution de la Convention de la concession en ce qui concerne les lignes dénommées aux 1° et 2° de l'article premier ci-dessus — sont supérieures au montant cumulé des dépenses et charges susdéfinies, l'excédent sera affecté au remboursement des avances faites par la Compagnie des Chemins de fer du Midi, majorées des intérêts simples au taux de trois et demi pour cent (3,5 %) l'an.

Après le remboursement desdites avances, ou dès le premier exercice, si les concessionnaires ne font pas appel à la garantie de la Compagnie des Chemins de fer du Midi, les excédents seront affectés à l'augmentation, jusqu'au taux de cinq pour cent (5 %) l'an, de l'intérêt à servir au capital-actions.

Dès que ce taux de cinq pour cent (5%) sera dépassé, le surplus desdits excédents sera partagé par moitié entre la Compagnie des Chemins de fer du Midi et les concessionnaires.

L'amortissement du capital-actions ne pourra commencer qu'après la vingtième année d'exploitation de l'ensemble des lignes faisant l'objet de la présente Convention, à moins que les concessionnaires n'aient, avant cette époque, totalement remboursé à la Compagnie des Chemins de fer du Midi sa dette du chef de la garantie. Dans ce dernier cas, l'amortissement commencera, de droit, deux ans après la fin de ce remboursement.

Art. 3.

Les projets de construction des lignes et de l'usine hydro-électrique, ainsi que des lignes de transport d'énergie, les marchés à passer pour la fourniture du matériel fixe et du matériel roulant et aussi les projets des travaux complémentaires seront soumis, avant leur approbation par l'autorité compétante, à l'acceptation de la Compagnie des Chemins de fer du Midi, qui se réserve, de plus, le droit de contrôler la bonne exécution de ces travaux et fournitures, ainsi que les comptes des dépenses.

En ce qui concerne l'usine hydro-électrique et les lignes de transport d'énergie, il est spécifié qu'elles ne devront comporter que les installations nécessaires pour le service des lignes de chemins de fer ou de tramways énumérées à l'article premier de la présente Convention, ou de toutes autres lignes concédées ou à concéder et également garanties par la Compagnie des Chemins de fer du Midi.

Cette restriction ne s'applique toutefois ni à l'acquisition immédiate des terrains qui pourront être nécessaires au développement ultérieur de l'usine, ni aux travaux à faire pour capter la puissance totale de la chute disponible.

Si la vente des excédents d'énergie que laisseront disponibles les besoins des lignes susvisées exigeait l'établissement d'installations spéciales, celles-ci seraient à la charge exclusive des tiers intéressés.

Art. 4.

La Compagnie des Chemins de fer du Midi recevra, dans ses gares de Saint-Jean-de-Luz, Cambo, Peyrehorade, Saint-Palais, Saint-Jean-Pied-de-Port et Bayonne, si les concessionnaires le demandant, les lignes qui font l'objet de la présente Convention.

Les modifications et, s'il y a lieu, les agrandissements à faire subir à cet effet auxdites gares, ainsi que les aménagements particuliers à y effectuer, après accord préalable entre la Compagnie du Midi et les concessionnaires et conformément à l'approbation du Ministre des Travaux publics, seront à la charge exclusive desdits concessionnaires.

Pour les travaux exécutés à leurs frais par la Compagnie du Midi, les dépenses réellement faites seront majorées de 15 p. 100 pour frais généraux et surveillance.

Art. 5.

Pour les transports de marchandises par wagons complets dont la taxe la plus économique s'établira par un itinéraire empruntant une ou plusieurs des lignes faisant l'objet de la présente convention, la Compagnie du Midi se réserve de les détourner de cet itinéraire entre ses gares de jonction avec les lignes des concessionnaires et de les acheminer par ses propres rails, moyennant la perception de cette taxe, et en conservant pour elle la recette correspondante.

Au cas où, pour une raison quelconque, ce détournement ne serait pas effectué, la recette afférente au parcours sur la voie étroite n'en restera pas moins acquise à la Compagnie des Chemins de fer du Midi qui allouera aux concessionnaires, à titre de taxe de circulation, la moitié de ladite recette, en sus des frais accessoires correspondant aux services effectivement rendus par les concessionnaires.

Sont exceptés des dispositions qui précèdent les transports en provenance ou à destination d'une gare des lignes à voie étroite, faisant l'objet de la précédente Convention, autre que les gares de jonction avec la Compagnie du Midi.

Les concessionnaires donneront à la Compagnie des Chemins de fer du Midi les facilités nécessaires pour que celle-ci soit à même de reconnaître les transports effectués dans les conditions définies au présent article.

Art. 6.

Aucune modification aux tarifs appliqués sur les lignes faisant l'objet de la présente Convention ne pourra être proposée à l'autorité compétente qu'avec l'autorisation de la Compagnie des Chemins de fer du Midi.

Les concessionnaires devront, en outre, se conformer aux indications que la Compagnie des Chemins de fer du Midi pourra leur donner au sujet des modifications qu'elle voudrait voir apporter auxdits tarifs.

Art. 7.

Les concessionnaires ne pourront confier à un tiers l'exploitation de tout ou partie des lignes faisant l'objet de la présente convention, ni inversement se charger de l'exploitation de lignes concédées à un tiers sans l'autorisation de la Compagnie du Midi.

Art. 8.

Avant de proposer à l'agrément de l'administration la Société anonyme que les Conventions de concession l'obligent à se substituer dans le délai de dix mois à compter de la déclaration d'utilité publique des lignes de Saint-Jean-de-Luz à Peyrehorade et de Saint-Palais à Saint-Jean-Pied-de-Port, les concessionnaires devront soumettre à l'acceptation de la Compagnie des Chemins de fer du Midi les statuts de cette Société.

Art. 9.

La présente Convention ne deviendra définitive qu'autant qu'elle aura été approuvée par une loi avant le 1er janvier 1913 et par l'Assemblée générale des actionnaires de la Compagnie des Chemins de fer du Midi dans le délai d'une année après la promulgation de ladite loi.

Elle expirera le 31 décembre 1960, en même temps que la concession de la Compagnie des Chemins de fer du Midi.

ART. 10

Les frais d'enregistrement de la présente Convention seront supportés par les concessionnaires.

Fait à Paris, les jour, mois et an que dessus.

Lu et approuvé :
Signé : G. TEISSIER.

Lu et approuvé :
Signé : ERNEST ADER.

Lu et approuvé :
Signé : A. GIROS et LOUCHEUR.

CONVENTION [1]

entre la Ministre des Travaux Publics, des Postes et des Télégraphes et la Compagnie des Chemins de fer du Midi, relative à la garantie d'intérêt accordée par cette Compagnie à diverses lignes de Chemins de fer d'intérêt local et de tramways à établir dans les départements des Basses-Pyrénées et des Landes.

L'an 1912 et le 27 juin,

Entre le Ministre des Travaux publics, des Postes et des Télégraphes, agissant au nom de l'État est sous réserve de l'approbation des présentes par une loi,

D'une part,

Et la Société Anonyme établie à Paris, sous la dénomination de Compagnie des Chemins de fer du Midi, représentée par M. Georges Teissier, Président du Conseil d'Administration, élisant domicile au siège de ladite Société, boulevard Haussmann, n° 54, à Paris, et agissant en vertu des pouvoirs qui lui ont été conférés par délibération du Conseil d'Administration en date du 21 juin 1912 et sous la réserve de l'approbation des présentes par l'Assemblée Générale des Actionnaires dans le délai d'une année après la promulgation de la loi ci-dessus visée,

D'autre part,

Il a été exposé ce qui suit :

La Compagnie des Chemins de fer du Midi, pour faciliter l'établissement d'un réseau électrique de lignes de chemins de fer d'intérêt local et de tramways dans la partie ouest du département des Basses-Pyrénées et accessoirement dans celui des Landes, s'est, sous réserve de l'approbation des pouvoirs publics, engagée par une Convention du 25 juin 1912 passée avec MM. Ader, Giros et Loucheur, concessionnaires des lignes de :

1° Saint-Jean-de-Luz à Peyrehorade, avec embranchement d'Ascain à Sare ;

---

(1) Convention approuvée par l'Assemblée générale extraordinaire du 15 novembre 1912. (Voir note page 15.)

2° Saint-Palais à Saint-Jean-Pied-de-Port, avec embranchement de Saint-Jean-le-Vieux à Mendives ;

3° Chemin de fer à crémaillère de la Rhune ;

4° Bayonne à Hendaye par la Barre et Biarritz.

A garantir, aux conditions stipulées dans ladite convention, en ce qui concerne non seulement les lignes susdénommées mais aussi l'usine hydro-électrique de Licq-Atherey destinée à les alimenter, ainsi que les lignes de transport d'énergie électrique, les insuffisances d'exploitation, s'il y a lieu, l'intérêt et, s'il y a lieu, l'amortissement, au taux de quatre pour cent (4 %) l'an, du capital-actions engagé par les concessionnaires, ainsi que les charges effectives (intérêts, amortissement et frais accessoires) des emprunts qu'ils pourraient contracter, après due autorisation, sans que le montant cumulé dudit capital-actions et desdits emprunts puisse excéder le chiffre de seize millions cinq cent mille francs (16.500.000 fr.).

En retour, et par la même convention, MM. Ader, Giros et Loucheur se sont engagés à rembourser à la Compagnie du Midi sur les excédents de recettes définis à l'art. 2 de la susdite Convention, les avances qu'elle leur aura faites, augmentées des intérêts à trois et demi pour cent (3,5 %) l'an, et de partager ensuite avec elle, dans les conditions prévues au même article, les bénéfices éventuels de l'exploitation des lignes sus-dénommées et de l'usine hydro-électrique de Licq-Atherey.

Cela étant, il a été convenu ce qui suit :

Article premier.

Les sommes payées chaque année à titre de garantie, par la Compagnie des Chemins de fer du Midi à MM. Ader, Giros et Loucheur pour les lignes et pour l'usine faisant l'objet de la présente Convention, seront prélevées, jusqu'à la clôture du compte spécial institué par l'article 2 ci-après sur les 12.500.000 fr. mentionnés au paragraphe 2 de l'article 13 de la Convention du 9 juin 1883, approuvée par la loi du 20 novembre suivant.

Art. 2.

Il sera ouvert par la Compagnie des Chemins de fer du Midi un compte spécial au débit duquel seront portées les sommes payées par elle, chaque année, à titre de garantie.

Ce compte spécial sera crédité à la fin de chaque exercice, savoir :

1° De l'augmentation des recettes effectuées sur le réseau du Midi, par suite des apports de trafic provenant des lignes faisant l'objet de la présente Convention ;

Et 2° des sommes qui, avant la clôture dudit compte, seraient remboursées à la Compagnie des Chemins de fer du Midi, sur le montant des avances de garantie déjà faites par elle.

Le calcul de l'augmentation de recettes provenant des apports de trafic se fera, pour chaque ligne ou section de ligne et pour chaque exercice en déduisant du montant des recettes (expéditions et arrivages) effectuées, pendant l'exercice considéré par celle des gares du réseau du Midi (Saint-Jean-de-Luz, Cambo, Peyrehorade, Saint-Palais, Saint-Jean-Pied-de-Port, Bayonne, etc.) où arrivera le trafic de ladite ligne, ou section de ligne, la moyenne, une fois calculée, des recettes des trois exercices qui auront précédé la mise en exploitation de cette ligne ou section de ligne.

Si le compte spécial prévu ci-dessus se trouve ouvert en même temps qu'un ou plusieurs autres comptes spéciaux afférents à des lignes soumises au même régime de garantie que celles qui font l'objet de la présente Convention, et intéressant une des gares de jonction susvisées, l'augmentation de recettes de cette gare, déterminée comme il vient d'être dit, sera diminuée, pour chaque exercice, de la part correspondant aux rapports des autres lignes, suivant la ventilation arrêtée, dans chaque cas particulier, par le Ministre des Travaux publics, sur la proposition de la Compagnie du Midi.

Les dépenses et les recettes du compte spécial seront majorées de leurs intérêts à trois et demi pour cent (3,5 %) l'an.

Art. 3.

Pendant l'exploitation partielle du réseau des lignes faisant l'objet de la présente Convention, la Compagnie des Chemins de fer du Midi aura la faculté de porter en recette à son réseau les soldes créditeurs du compte spécial institué par l'article 2 ci-dessus. Lorsque, après la mise en exploitation de l'ensemble dudit réseau, le compte spécial sera resté créditeur pendant deux années consécutives, ce compte sera définitivement clos. Après cette clôture, la Compagnie des Chemins de fer du Midi portera à son compte annuel d'exploitation les dépenses devant résulter de sa convention du 25 juin 1912 avec MM. Ader, Giros et Loucheur et confondra dans l'ensemble des recettes de son réseau le solde créditeur du compte, les augmentations de recettes visées à l'article 2 ci-dessus, les remboursements qui seront effectués sur le montant de sa garantie et, enfin, la part qui lui reviendra dans les bénéfices des lignes et de l'usine qui font l'objet de la présente Convention.

Art. 4.

La Compagnie des Chemins de fer du Midi est autorisée à percevoir, le cas échéant, pour les transports visés par le premier alinéa de l'article 5 de la Convention intervenue à la date du 25 juin 1912 entre elle et MM. Ader, Giros et Loucheur, les taxes qui seraient applicables si les transports devaient être normalement acheminés par les lignes à voie étroite faisant l'objet de la présente Convention.

Art. 5.

La Compagnie des Chemins de fer du Midi, avant de donner son adhésion aux projets de l'usine hydro-électrique et des lignes de transport d'énergie, conformément à l'article 3 de la convention qu'elle a passée le 25 juin 1912 avec MM. Ader, Giros et Loucheur, devra soumettre ces projets à l'approbation du Ministre des Travaux publics.

Art. 6.

Si l'État venait à racheter le réseau des Chemins de fer du Midi, il prendrait à sa charge, aux lieu et place de la Compagnie des Chemins de fer du Midi, l'exécution de la présente Convention, ainsi que la Convention passée le 25 juin 1912 entre ladite Compagnie et MM. Ader, Giros et Loucheur.

ART. 7.

L'enregistrement de la présente Convention, ainsi que celle passée le 25 juin 1912 entre la Compagnie des Chemins de fer du Midi et MM. Ader, Giros et Loucheur, ne donnera lieu qu'à la perception du droit fixe de 3 francs.

Fait double à Paris, les jour, mois et an que dessus.

Lu et approuvé :	Lu et approuvé :
Signé : G. TEISSIER.	*Signé* : JEAN DUPUY.

NOTE

Les deux Conventions ci-dessus ont été approuvées par l'Assemblée générale extraordinaire, du 15 novembre 1912, comme suit :

L'Assemblée générale consultée,

Approuve :

1° *La Convention passée le* 25 *juin* 1912 *avec MM. ADER, GIROS et LOUCHEUR, concessionnaires de diverses lignes de Chemins de fer d'intérêt local et de tramways dans le département des Basses-Pyrénées, et accessoirement dans celui des Landes, leur accordant une garantie d'intérêt ; la dite Convention ratifiée par une loi du* 13 *juillet* 1912 ;

2° *La Convention passée le* 27 *juin* 1912 *avec le Ministre des Travaux Publics, des Postes et des Télégraphes, relative à la garantie d'intérêt accordée à ces diverses lignes ; la dite Convention ratifiée par une loi du* 13 *juillet* 1912 ;

Donne au Conseil d'Administration tous pouvoirs pour assurer l'exécution de ces deux Conventions.

LOI

du 28 Décembre 1912

approuvant une Convention passée entre la Compagnie des Chemins de fer du Midi et la Compagnie des Tramways à vapeur à la Chalosse et du Béarn, relativement à une garantie d'intérêt pour diverses lignes de tramway dans les départements des Landes et des Basses-Pyrénées, ainsi qu'une Convention passée entre le Ministre des Travaux Publics et la Compagnie des Chemins de fer du Midi.

(Journal officiel du 29 décembre 1912.)

Le Sénat et la Chambre des Députés ont adopté.

Le Président de la République promulgue la loi dont la teneur suit :

ARTICLE PREMIER.

Sont approuvées :

1° La Convention passée, le 30 novembre 1912, entre la Compagnie des Chemins de fer du Midi et la Compagnie des Tramways à vapeur de la Chalosse et du Béarn, pour la garantie d'intérêt du capital engagé par la seconde Compagnie dans l'établissement la fourniture du matériel roulant et l'outillage des lignes de tramway de : Orthez à Aire-sur-l'Adour, Dax à Amon, Dax à Peyrehorade, Peyrehorade à Sauveterre ;

ART. 2.

L'enregistrement de chacune des Conventions mentionnées à l'article premier ci-dessus et qui resteront annexées à la présente loi, ne donnera lieu qu'à la perception du droit fixe de trois francs (3 fr.).

La présente loi, délibérée et adoptée par le Sénat et par la Chambre des Députés, sera exécutée comme loi de l'État.

Fait à Paris, le 28 décembre 1912.

A. FALLIÈRES.

Par le Président de la République :

Le Ministre des Travaux Publics,
des Postes et des Télégraphes,

JEAN DUPUY.

Le Ministre des Finances,

L.-L. KLOTZ.

CONVENTION [1]

entre la Compagnie des Chemins de fer du Midi et la Compagnie des Tramways à vapeur de la Chalosse et du Béarn, accordant une garantie d'intérêt à diverses lignes de tramway dans les départements des Landes et des Basses-Pyrénées.

L'an 1912 et le 30 novembre.

Entre la Société Anonyme établie à Paris, sous la dénomination de Compagnie des Chemins de fer du Midi, représentée par M. Georges Teissier, président du Conseil d'Administration, élisant domicile au siège de ladite Société, boulevard Haussmann, 54, à Paris, agissant en vertu des pouvoirs qui lui sont conférés par délibérations du Conseil d'Administration, en date des 10 février et 13 octobre 1911 et du 30 août 1912,

D'une part,

Et la Société anonyme établie à Paris, sous la dénomination de Compagnie des Tramways à vapeur de la Chalosse et du Béarn, représentée par M. Alfred Natanson, président du Conseil d'administration, élisant domicile au siège de ladite Société, rue du Quatre-Septembre, 12, à Paris, agissant en vertu des pouvoirs qui lui ont été conférés par délibération du Conseil d'administration en date du 11 février 1911,

D'autre part,

Il a été convenu ce qui suit :

ARTICLE PREMIER.

La Compagnie des Chemins de fer du Midi, pour faciliter l'extension et l'exploitation du réseau des Tramways à vapeur de la Chalosse et du Béarn, s'engage à accorder dans les conditions définies à la présente Convention, une garantie d'intérêt aux lignes de :

Orthez à Aire-sur-l'Adour,
Dax à Amou,
Dax à Peyrehorade,
Peyrehorade à Sauveterre,

---

(1) Convention approuvée par l'Assemblée générale extraordinaire du 23 avril 1913. (Voir note page 25.)

concédées les deux premières par une Convention en date du 7 février 1905 à MM. Natanson et Rigaud frères, qui se sont substitué la Compagnie des Tramways à vapeur de la Chalosse et du Béarn et les deux autres par deux Conventions en date du 28 juin 1911 et du 29 novembre 1912, intervenues respectivement entre les départements des Landes et des Basses-Pyrénées et ladite Compagnie.

Art. 2.

En cas d'insuffisance des recettes de l'ensemble des lignes ci-dessus dénommées — déduction faite des impôts sur les transports et, s'il y a lieu, de la part desdites recettes attribuée aux départements des Landes et des Basses-Pyrénées par les Conventions de concession desdites lignes, mais y compris les annuités qui auront été payées par ces départements à la Compagnie des Tramways à vapeur de la Chalosse et du Béarn, en exécution desdites Conventions — pour faire face aux dépenses et charges suivantes :

1° Dépenses d'exploitation et d'entretien de toute nature, y compris les frais d'administration, les impôts, les loyers, et, s'il y a lieu, les frais d'exploitation payés à la Compagnie du Midi pour les gares de jonction avec son réseau, les frais de contrôle les dépenses relatives aux accidents de toute nature, pertes, avaries, retards, incendies, etc., les allocations pour retraites, institutions de prévoyance et secours, et les prélèvements destinés à la constitution du fond spécial de renouvellement de la voie et du matériel fixe et roulant, prévue par les Conventions de concession, lesdites dépenses contrôlées et arrêtées par la Compagnie des Chemins de fer du Midi ;

2° Charges d'intérêt et d'amortissement au taux de 4 p. 100 l'an, sous la réserve formulée pour l'amortissement, au dernier alinéa du présent article, du capital-actions engagé par la Compagnie des Tramways à vapeur de la Chalosse et du Béarn dans l'établissement des lignes susmentionnées et la fourniture de leur matériel roulant et de leur outillage ;

Et 3° charges effectives (intérêts, amortissements et frais accessoires) des emprunts que ladite Compagnie aura pu être autorisée à contracter pour parfaire, avec le capital-actions susvisé, la somme à avancer par elle aux départements des Landes et des Basses-Pyrénées en vertu des Conventions de concession pour l'établissement des lignes susvisées et les travaux complémentaires de toute nature sans que le montant total du capital-actions et des emprunts puisse dépasser le chiffre de 2,300.000 francs, la Compagnie du Midi payera la différence à titre d'avance.

Si, au contraire les recettes — déduction faite des impôts sur les transports, et, s'il y a lieu, de la part desdites recettes attribuée aux départements des Landes et des Basses-Pyrénées, mais y compris les annuités qui auront été payées par ces départements à la Compagnie des Tramways à vapeur de la Chalosse et du Béarn, en exécution desdites Conventions — sont supérieures au montant cumulé des dépenses et charges susdéfinies, l'excédent sera affecté au remboursement des avances faites par la Compagnie des Chemins de fer du Midi, majorées des intérêts simples au taux de 3 1/2 p. 100.

Après le remboursement desdites avances ou dès le premier exercice, si la Compagnie des Tramways à vapeur de la Chalosse et du Béarn ne fait pas appel à la garantie de la Compagnie des Chemins de fer du Midi, les excédents seront affectés à l'augmentation, jusqu'au taux de 5 p. 100 l'an, de l'intérêt à servir au capital-actions.

Dès que ce taux de 5 p. 100 sera dépassé, le surplus desdits excédents sera partagé par moitié entre la Compagnie des Chemins de fer du Midi et la Compagnie des Tramways à vapeur de la Chalosse et du Béarn.

L'amortissement du capital-actions ne pourra commencer qu'après la vingtième année qui suivra la mise en vigueur de la présente Convention, à moins que la Compagnie des Tramways à vapeur de la Chalosse et du Béarn n'ait, avant cette époque, totalement remboursé à la Compagnie des Chemins de fer du Midi sa dette du chef de garantie. Dans ce dernier cas, l'amortissement commencera de droit deux ans après la fin de ce remboursement.

ART. 3.

Les projets des nouvelles lignes, les marchés à passer pour la fourniture du matériel fixe et du matériel roulant et aussi les projets de travaux complémentaires seront soumis, avant leur approbation par l'autorité compétente, à l'acceptation de la Compagnie des Chemins de fer du Midi, qui se réserve, de plus, le droit de contrôler la bonne exécution de ces travaux et fournitures, ainsi que les comptes de dépenses

ART. 4.

La Compagnie des Chemins de fer du Midi recevra, si la Compagnie des Tramways à vapeur de la Chalosse et du Béarn le demande, dans ses gares d'Orthez, Hagetmau, Aire, Dax et Sauveterre, les lignes qui font l'objet de la présente Convention. Il en sera de même pour Peyrehorade, dès que les trains des lignes de Dax à Peyrehorade et de Peyrehorade à Sauveterre pourront accéder à Peyrehorade Midi.

Les modifications et, s'il y a lieu, les agrandissements à faire subir, à cet effet, aux gares susvisées ainsi que les aménagements particuliers à y effectuer, après accord préalable entre les deux Compagnies et conformément à l'approbation du Ministre des Travaux publics, seront à la charge exclusive de la Compagnie des Tramways à vapeur de la Chalosse et du Béarn.

Pour les travaux exécutés aux frais de cette dernière par la Compagnie du Midi, les dépenses réellement faites seront majorées de 15 p. 100 pour frais généraux et surveillance.

ART. 5.

Pour les transports de marchandises par wagons complets dont la taxe la plus économique s'établira par un itinéraire empruntant une ou plusieurs des lignes faisant l'objet de la présente Convention, la Compagnie du Midi se réserve de les détourner de cet itinéraire entre ses gares de jonction avec la Compagnie des Tramways de la Chalosse et du Béarn et de les acheminer par ses propres rails, moyennant la perception de cette taxe et en conservant pour elle la recette correspondante.

Au cas où, pour une raison quelconque, ce détournement ne serait pas effectué, la recette afférente au parcours sur la voie étroite n'en restera pas moins acquise à la Compagnie des Chemins de fer du Midi, qui allouera à la Compagnie des Tramways de la Chalosse et du Béarn, à titre de taxe de circulation, la moitié de ladite recette, en sus des frais accessoires correspondant aux services effectivement rendus par cette dernière Compagnie.

Il en sera ainsi, notamment, pour les transports en provenance ou à destination de la ligne d'Oloron à Sauveterre, qui seront normalement acheminés par la ligne de Peyrehorade à Sauveterre.

Sont exceptés des dispositions qui précèdent les transports en provenance ou à destination d'Hagetmau ou d'une gare de la Compagnie des Tramways de la Chalosse et du Béarn autre que les gares de jonction avec la Compagnie des Chemins de fer du Midi.

La Compagnie des Tramways de la Chalosse et du Béarn donnera à la Compagnie des Chemins de fer du Midi les facilités nécessaires pour que celle-ci soit à même de reconnaître les transports effectués dans les conditions définies au présent article.

Art. 6.

Aucune modification aux tarifs appliqués sur les lignes faisant l'objet de la présente convention ne pourra être proposée à l'autorité compétente qu'avec l'autorisation de la Compagnie des Chemins de fer du Midi.

La Compagnie des Tramways à vapeur de la Chalosse et du Béarn devra en outre, se conformer aux indications que la Compagnie des Chemins de fer du Midi pourra lui donner au sujet des modifications qu'elle voudra voir apporter auxdits tarifs.

Art. 7.

La Compagnie des Tramways à vapeur de la Chalosse et du Béarn ne pourra confier à une autre société l'exploitation de tout ou partie des lignes faisant l'objet de la présente Convention ni inversement se charger de l'exploitation de lignes concédées à une autre Société sans l'autorisation de la Compagnie du Midi.

Art. 8.

La présente Convention ne deviendra définitive qu'autant qu'elle aura été approuvée par une loi avant le 1er janvier 1913 et par l'Assemblée générale des actionnaires de chacune des compagnies contractantes dans le délai d'une année après la promulgation de ladite loi.

Elle entrera en vigueur le 1er juillet ou le 1er janvier qui suivra la date à laquelle elle sera devenue définitive.

Elle expirera le 31 décembre 1960, en même temps que la concession de la Compagnie des Chemins de fer du Midi.

Art. 9.

Les frais d'enregistrement de la présente convention seront supportés par la Compagnie des Tramways à vapeur de la Chalosse et du Béarn.

Fait à Paris, les jour, mois et an que dessus.

Lu et approuvé :
Signé : A. NATANSON.

Lu et approuvé :
Signé : G. TEISSIER.

CONVENTION (1)

entre le Ministre des Travaux Publics, des Postes et Télégraphes et la Compagnie des Chemins de fer du Midi, relative à la garantie d'intérêt accordée par cette Compagnie à diverses lignes de tramway établies ou à établir dans les départements des Landes et des Basses-Pyrénées.

L'an 1912 et le 16 décembre,

Entre le Ministre des Travaux Publics, des Postes et des Télégraphes, agissant au nom de l'Etat et sous la réserve de l'approbation des présentes par une loi,

D'une part,

Et la Société Anonyme établie à Paris, sous la dénomination de Compagnie des Chemins de fer du Midi, représentée par M. Georges Teissier, Président du Conseil d'Administration, élisant domicile au siège de ladite Société, boulevard Haussmann, nº 54, à Paris, et agissant en vertu des pouvoirs qui lui ont été conférés par délibérations du Conseil d'Administration en date des 13 octobre 1911 et 30 août 1912 et sous la réserve de l'approbation des présentes par l'Assemblée générale des Actionnaires dans le délai d'une année après la promulgation de la loi ci-dessus visée,

D'autre part,

Il a été exposé ce qui suit :

La Compagnie des Chemins de fer du Midi, pour faciliter l'extension et l'exploitation d'un réseau de tramway destiné à desservir une partie des départements des Landes et des Basses-Pyrénées, s'est, sous réserve de l'approbation des pouvoirs publics, engagée par une Convention du 30 novembre 1912 passée avec la Compagnie des Tramways à vapeur de la Chalosse et du Béarn, agissant comme concessionnaire des lignes de :

Orthez à Aire-sur-l'Adour,
Dax à Amou,
Dax à Peyrehorade,
Peyrehorade à Sauveterre,

à garantir aux conditions stipulées dans ladite Convention, les insuffisances d'exploitation, s'il y a lieu, l'intérêt et, s'il y a lieu, l'amortissement, au taux de 4 p. 100 l'an du capital-actions de la Compagnie des Tramways à vapeur de la Chalosse et du Béarn ainsi que les charges effectives (intérêts, amortissements et frais accessoires) des emprunts que pourra après due autorisation, contracter cette Compagnie, sans que

(1) Convention approuvée par l'Assemblée générale extraordinaire du 23 avril 1913. Voir note, page 25).

le montant cumulé dudit capital-actions et desdits emprunts puisse excéder le chiffre de 2.300.000 francs.

En retour, et par la même Convention, la Compagnie des Tramways à vapeur de la Chalosse et du Béarn s'est engagée à rembourser à la Compagnie du Midi sur les excédents de recettes définies à l'article 2 de la susdite Convention, les avances que celle-ci lui aura faites augmentées des intérêts à 3,50 p. 100 l'an et de partager ensuite avec elle, dans les conditions prévues au même article, les bénéfices éventuels de l'exploitation des lignes de tramway susmentionnées.

Cela étant, il a été convenu ce qui suit :

Article premier.

Les sommes payées, chaque année, à titre de garantie par la Compagnie des Chemins de fer du Midi à la Compagnie des Tramways à vapeur de la Chalosse et du Béarn pour les lignes faisant l'objet de la présente Convention, seront prélevées, jusqu'à la clôture du compte spécial institué par l'article 2 ci-après, sur les 12.500.000 fr. mentionnés au paragraphe 2 de l'article 13 de la Convention du 9 juin 1883, approuvé, par la loi du 20 novembre suivant.

Art. 2.

Il sera ouvert par la Compagnie des Chemins de fer du Midi un compte spécial au débit duquel seront portées les sommes payées par elle, chaque année, à titre de garantie.

Ce compte spécial sera crédité, à la fin de chaque exercice, savoir :

1° De l'augmentation des recettes effectuées sur le réseau du Midi par suite des apports de trafic provenant des lignes faisant l'objet de la présente convention ;

Et 2° des sommes qui, avant la clôture dudit compte, seraient remboursées à la Compagnie des Chemins de fer du Midi sur le montant des avances de garantie déjà faites par elle.

Le calcul de l'augmentation de recettes provenant des apports de trafic se fera, pour chaque ligne ou section de ligne et pour chaque exercice :

1° En déduisant du montant des recettes (expéditions et arrivages) effectuées, pendant l'exercice considéré, par celle des gares du réseau du Midi, (Orthez, Hagetmau, Aire, Dax, Sauveterre et le cas échéant, Peyrehorade) où arrivera le trafic de ladite ligne ou section de ligne, la moyenne une fois calculée, des recettes des trois exercices qui auront précédé, soit la mise en exploitation de cette ligne ou section de ligne, pour celles qui ne sont pas encore construites, soit la mise en vigueur de la Convention passée à la date du 30 novembre 1912 entre la Compagnie des Chemins de fer du Midi et la Compagnie des Tramways à vapeur de la Chalosse et du Béarn pour les lignes d'Orthez et de Dax à Amou ;

2° En ajoutant au chiffre déterminé, comme il vient d'être dit, mais en ce qui concerne seulement ces dernières lignes le produit pour l'exercice considéré des taxes reversées en totalité ou en partie sur la voie Midi, dans les conditions fixées et pour les transports visés par l'article 5 de la susdite convention.

Si le compte spécial prévu ci-dessus se trouve ouvert en même temps qu'un ou plusieurs autres comptes spéciaux afférents à des lignes soumises au même régime de la garantie que celles qui font l'objet de la présente Convention et intéressant une des gares de jonction susvisées, l'augmentation de recettes de cette gare, déterminée comme il vient d'être dit, sera diminuée, pour chaque exercice, de la part correspondant aux apports des autres lignes, suivant la ventilation arrêtée dans chaque cas particulier, par le Ministre des Travaux Publics sur la proposition de la Compagnie du Midi.

Les dépenses et les recettes du compte spécial seront majorées de leurs intérêts à 3,50 p. 100 l'an.

ART. 3.

Pendant l'exploitation partielle du réseau des lignes faisant l'objet de la présente Convention, la Compagnie des Chemins de fer du Midi aura la faculté de porter en recettes à son réseau les soldes créditeurs du compte spécial institué par l'article 2 ci-dessus. Lorsque, après la mise en exploitation de l'ensemble dudit réseau, le compte spécial sera resté créditeur pendant deux années consécutives, ce compte sera définitivement clos. Après cette clôture, la Compagnie des Chemins de fer du Midi portera à son compte annuel d'exploitation les dépenses devant résulter de sa convention du 30 novembre 1912 avec la Compagnie des Tramways à vapeur de la Chalosse et du Béarn et confondra dans l'ensemble des recettes de son réseau le solde créditeur du compte, les augmentations de recettes visées à l'article 2 ci-dessus, les remboursements qui seront effectués sur le montant de sa garantie, et enfin, la part qui lui reviendra dans les bénéfices des lignes qui font l'objet de la présente Convention.

ART. 4.

La Compagnie des Chemins de fer du Midi est autorisée à percevoir, le cas échéant, pour les transports visés par le premier alinéa de l'article 5 de la Convention intervenue en date du 30 novembre 1912 entre elle et la Compagnie des Tramways à vapeur de la Chalosse et du Béarn, les taxes qui seraient applicables si les transports devaient être normalement acheminés par les lignes de tramway.

ART. 5.

Si l'Etat venait à racheter le réseau des Chemins de fer du Midi, il prendrait à sa charge, au lieu et place de la Compagnie des Chemins de fer du Midi, l'exécution de la présente Convention, ainsi que la Convention passée le 30 novembre 1912 entre ladite Compagnie et celle des Tramways à vapeur de la Chalosse et du Béarn.

ART. 6.

L'enregistrement de la présente Convention, ainsi que de celle passée le 30 novembre 1912 entre la Compagnie des Chemins de fer du Midi et la Compagnie des Tramways à vapeur de la Chalosse et du Béarn, ne donnera lieu qu'à la perception du droit fixe de 3 francs.

Fait double à Paris, les jour, mois et an que dessus.

Lu et approuvé :
Signé : JEAN DUPUY.

Lu et approuvé :
Signé : G. TESSIER.

NOTE

Les deux Conventions ci-dessus ont été approuvées par l'Assemblée générale extraordinaire, du 23 avril 1913, comme suit :

L'Assemblée générale consultée :

1° *Approuve la Convention passée le* 30 *novembre* 1912 *avec la Compagnie des Tramways à vapeur de la Chalosse et du Béarn, accordant une garantie d'intérêt à diverses lignes de tramways dans les départements des Landes et des Basses-Pyrénées, et la Convention passée le* 16 *décembre* 1912 *avec M. le Ministre des Travaux Publics, des Postes et des Télégraphes, relative à cette garantie d'intérêt ;*

2° *Donne tous pouvoirs au Conseil d'Administration pour assurer l'exécution ces deux Conventions.*

. . . .

. . . .

LOI

du 23 Mars 1914

approuvant une convention provisoire, passée avec la Compagnie des Chemins de fer du Midi, pour la concession éventuelle de diverses lignes de chemins de fer d'intérêt général.

(Journal officiel du 7 avril 1914.)

Le Sénat et la Chambre des Députés ont adopté,

Le Président de la République promulgue la loi dont la teneur suit :

ARTICLE PREMIER.

Est approuvée, avec les modifications faisant l'objet des trois lettres de la Compagnie, en date des 7 juillet et 22 novembre 1913 de la lettre du Ministre et de celle de la Compagnie, en date des 26 décembre 1913 et 13 janvier 1914, la Convention provisoire passée, le 19 février 1913, entre le Ministre des Travaux Publics, des Postes et des Télégraphes, et la Compagnie des Chemins de fer du Midi, pour la concession éventuelle :

D'une part, des lignes à voie normale :

D'Espalion à Saint-Flour ;

De Quillan à Bélesta ;

De Villefranche-Vernet-les-Bains à Vernet-les-Bains et à Sahorre ;

D'autre part, les lignes à voie étroite :

De Montlouis-la-Cabanasse à Quillan ou à un point de la ligne de Quillan à Bélesta ;

De Bourg-Madame à la gare frontière française de la ligne transpyrénéenne d'Ax-les-Thermes à Ripoll.

ART. 2.

Il est pris acte de l'engagement contracté par la Compagnie des Chemins de fer du Midi, par lettre du 7 juillet 1913, de réduire, lors de la mise en exploitation de la ligne de Quillan à Montlouis, à 50 % pour les voyageurs et à 75 % pour les marchandises la majoration de 100 % des distances de taxe appliquée sur la ligne de Villefranche-Vernet-les-Bains, à Bourg-Madame, entre Olette et Bourg-Madame, en vertu de l'article 15 de la convention du 5 décembre 1902 relative à la concession de cette dernière ligne.

ART. 3.

Il est pris acte également de l'accord intervenu entre le Ministre et la Compagnie, suivant les lettres des 22 novembre, 26 décembre 1913 et 13 janvier 1914, pour compléter l'article 12 de la Convention par le paragraphe additionnel suivant :

« Le produit de la vente à des tiers des excédents d'énergie disponible de chaque usine électrique sera partagé chaque année entre l'État et la Compagnie proportionnellement aux charges de capital et aux dépenses d'exploitation, sous réserve que le prix de vente sera au moins égal au prix de revient de l'énergie produite par l'usine évalué en calculant sur la base de 5 % l'an les charges des capitaux engagés, tant par l'État que par la Compagnie dans l'établissement de ladite usine. »

ART. 4.

L'enregistrement de la Convention annexée à la présente loi, ainsi que des traités à soumettre à l'approbation du Gouvernement en exécution de l'article 14 de ladite Convention ne donnera lieu qu'à la perception du droit fixe de trois francs (3 fr.).

La présente loi, délibérée et adoptée par le Sénat et par la Chambre des députés sera exécutée comme loi de l'État.

Fait à Paris, le 23 mars 1914.

R. POINCARÉ.

Par le Président de la République :

Le Ministre des Travaux Publics,
FERNAND DAVID.

Le Ministre des Finances
RENÉ RENOULT.

CONVENTION [1]

entre le Ministre des Travaux Publics et la Compagnie des Chemins de fer du Midi relative à la concession des lignes d'Espalion à Saint-Flour, de Quillan à Belesta, de Villefranche à Vernet-les-Bains et à Sahore, de Montlouis à Quillan, de Bourg-Madame à la Gare frontière, d'Ax-les-Thermes à Ripoll.

L'an 1913 et le 19 février.

Entre le Ministre des Travaux Publics, des Postes et des Télégraphes, agissant au nom de l'Etat, et sous la réserve de l'approbation des présentes par une loi,

D'une part,

Et la Société Anonyme établie à Paris, sous la dénomination de Compagnie des Chemins de fer du Midi, représentée par M. Georges Teissier, Président du Conseil d'Administration, élisant domicile au siège de ladite Société, boulevard Haussmann, n° 54, à Paris, et agissant en vertu des pouvoirs qui lui ont été conférés par délibération du Conseil d'Administration en date du 11 octobre 1912 et sous la réserve de l'approbation des présentes par l'Assemblée Générale des Actionnaires, dans le délai de six mois à dater de la promulgation de la loi à intervenir,

D'autre part,

---

(1) La Convention ci-dessus a été approuvée par l'Assemblée générale extraordinaire du 28 avril 1914, comme suit :

L'Assemblée générale consultée :

1° *Approuve la Convention passée le 19 février 1913 avec M. le Ministre des Travaux Publics, des Postes et des Télégraphes, et des dispositions additionnelles insérées dans les articles 2 et 3 de la Loi du 23 mars 1914 qui a ratifié ladite Convention, pour la concession des lignes d'Espalion à Saint-Flour, de Quillan à Bélesta, de Villefranche-Vernet-les-Bains à Vernet-les-Bains et à Sahorre ; de Montlouis-la-Cabanasse à Quillan ou à un point de la ligne de Quillan à Bélesta et de Bourg-Madame à la gare frontière française de la ligne transpyrénéenne d'Ax-les-Thermes à Ripoll.*

2° *Donne tous pouvoirs au Conseil d'Administration pour assurer l'exécution de cette Convention et notamment pour contracter les emprunts nécessaires.*

. . . .

. . . .

Il a été convenu ce qui suit :

Article premier.

Le Ministre des Travaux Publics, des Postes et des Télégraphes, agissant au nom de l'Etat, concède à la Compagnie des Chemins de fer du Midi, qui accepte, les lignes ci-après désignées. :

A. Lignes à voie normale de :

Espalion à Saint-Flour ;
Quillan à Bélesta ;
Villefranche-Vernet-les-Bains à Vernet-les-Bains et à Sahorre.

B. Lignes à voie étroite de :
Montlouis-le-Cabanasse à Quillan ou à un point de la ligne de Quillan à Bélesta ;
Bourg-Madame à la gare frontière française de la ligne transpyrénéenne d'Ax-les-Thermes à Ripoll.
Cette concession est faite à titre éventuel et sous réserve de la déclaration d'utilité publique à intervenir pour chaque ligne.

Art. 2.

La concession des lignes dénommées à l'article précédent est faite aux clauses et conditions de la Convention du 9 juin 1883 approuvée par la loi du 20 vonembre 1883, de la Convention du 16 octobre 1890 approuvée par la loi du 17 mai 1891 et de l'article 3 de la Convention du 3 novembre 1896, approuvée par la loi du 27 novembre 1897, sauf les dérogations stipulées ci-après dans la présente Convention.

Art. 3.

Les terrains seront acquis et les terrassements et les ouvrages d'art exécutés pour une voie seulement, sauf l'établissement d'un certain nombre de voies d'évitement.

Art. 4.

Sur la ligne d'Espalion à Saint-Flour, la traction sera faite par la vapeur ; sur toutes les autres, elle sera faite par l'électricité, avec prise de courant aérienne ou par rail, suivant le cas.

Art. 5.

L'énergie nécessaire pour les lignes électriques sera fournie dans les conditions suivantes :
Pour la ligne de Villefranche-Vernet-les-Bains à Vernet-les-Bains et à Sahorre, par la chute d'eau et l'usine que la Compagnie demande à établir dans la vallée de la Têt en vue d'alimenter la ligne de Perpignan à Villefranche-Vernet-les-Bains, sur laquelle la traction électrique doit être substituée à la traction par la vapeur.

Pour la ligne de Montlouis-la-Cabanasse à Quillan, par une chute d'eau et une usine à établir spécialement pour l'alimentation de cette ligne.

Pour la ligne de Quillan à Bélesta, par une chute d'eau aménagée dans la vallée de Carol, en aval de celle qui doit être aménagée pour la ligne d'Ax-les-Thermes à la frontière espagnole, en exécution de l'article 9 de la convention du 20 juin 1907, approuvée par la loi du 2 août 1907. Cette chute d'eau actionnera une usine susceptible d'utiliser toute la puissance hydraulique disponible en aval de l'usine à établir pour la ligne transpyrénéenne précitée.

Pour la ligne de Bourg-Madame à la gare frontière, par l'usine hydro-électrique de la Cassagne, établie en vertu de l'article 6 de la Convention du 5 décembre 1902, approuvée par la loi du 4 mars 1903, pour l'alimentation de la ligne de Villefranche-Vernet-les-Bains à Bourg-Madame, étant entendu que la puissance empruntée à cette dernière ligne devra lui être restituée, soit par l'usine à construire pour la ligne de Montlouis-la-Cabanasse à Quillan, soit par l'usine à établir pour la ligne de Perpignan à Villefranche-Vernet-les-Bains.

Art. 6.

L'Etat prendra à sa charge les dépenses d'Etablissement des lignes, à l'exception de celles qui sont indiquées au paragraphes suivant :

En sus des dépenses de premier Etablissement qui lui incombent en vertu de l'article 7 de la Convention du 9 juin 1883, avec la modification spécifée à l'article 19 de la présente Convention en ce qui concerne les lignes à voie étroite, la Compagnie supportera les frais de fourniture et de la mise en place des moteurs hydrauliques, des machines et appareils électriques fixes de tout genre et de tous les organes électriques du matériel roulant.

L'Etat prendra à sa charge, sur les dépenses des ouvrages nécessaires pour la création de la force motrice hydraulique et des bâtiments de l'usine qui alimentera la ligne de Perpignan à Villefranche-Vernet-les-Bains, la part correspondant à l'accroissement de la puissance hydraulique nécessitée par son utilisation sur la ligne de Villefranche-Vernet-les-Bains à Vernet-les-Bains et à Sahorre, et, s'il y a lieu, sur celle de Bourg-Madame à la gare frontière.

Art. 7.

La Compagnie sera tenue, pour l'étude et l'exécution des projets ainsi que pour l'exploitation des lignes par l'électricité, de se soumettre à toutes les formalités et conditions exigées par les lois, décrets et règlements concernant les installations électriques.

Art. 8.

En fin de concession, ou en cas de rachat, la Compagnie sera tenue de remettre à l'Etat, en bon état d'entretien, outre les immeubles et objets mobiliers mentionnés à l'article 36 du cahier des charges du 1er août 1857, les appareils et installations de toute nature, établis en vue de la production et du transport de l'énergie électrique destinée à l'exploitation des lignes de Chemins de fer concédés par la présente Convention, et, notamment, les réservoirs, barrages, prises d'eau, canaux d'amenée, conduites forcées, moteurs hydrauliques, bâtiments, machines et appareils électriques fixes de tout genre, feeders, canalisations électriques, etc. et tous accessoires desdits appareils ou installations.

Art. 9

Par addition à l'article 62 du cahier des charges, les propriétaires de carrières ou d'exploitations agricoles et les propriétaires ou concessionnaires d'entrepôts ou de magasins généraux pourront obtenir l'établissement d'embranchements particuliers se raccordant avec les lignes faisant l'objet de la présente Convention, dans les conditions résultant, pour les propriétaires de mines et d'usines, dudit article 62 du cahier des charges et des tarifs généraux et spéciaux applicables à l'ensemble du réseau.

Il ne pourra être dérogé aux conditions d'exploitation et de tarification résultant de cet article, qu'en vertu de traités approuvés par le Ministre des Travaux Publics ou de tarifs homologués, pour chaque embranchement particulier, dans les formes prescrites par l'article 48 du cahier des charges.

Art. 10.

En raison de l'accroissement de longueur devant résulter, pour le réseau de la Compagnie, de la concession des lignes de la présente Convention, le maximum de 25 millions de francs fixé pour les dépenses d'approvisionnements effectifs du réseau par l'article 13 de la Convention du 9 juin 1883, déjà porté à 26 millions par l'article 10 de la Convention du 4 juillet 1908 approuvée par la loi du 17 du même mois, est élevé à 27 millions.

A. — *Clauses applicables à toutes les lignes électriques dénommées à l'article premier.*

Art. 11.

Par dérogation aux dispositions de l'article 7 de la Convention du 9 juin 1883, la Compagnie sera chargée d'exécuter la totalité des travaux (acquisition des terrains, infrastructure et superstructure) et des fournitures afférentes aux lignes à traction électrique. Elle sera chargée également de l'établissement des réservoirs, barrages, prises d'eau, canaux d'amenée, conduites forcées, usines hydroélectriques, canalisations électriques, etc., nécessaires pour la production et le transport de la force motrice destinée à l'alimentation desdites lignes. Ces installations feront partie des dépendances du Chemin de fer.

La Compagnie sera remboursée, comme il est stipulé à l'article 9 de la Convention du 9 Juin 1883, des avances faites par elle à l'État, du fait de l'exécution des travaux visés au paragraphe précédent.

Les dépenses à rembourser par l'État, comprenant les frais généraux, les frais de personnel et l'intérêt des capitaux pendant la construction, ne pourront, sauf des exceptions motivées par des circonstances de force majeure ou par le caractère aléatoire de certaines estimations, telles que : acquisitions de terrains, construction de souterrains, épuisements exceptionnels, consolidation et assainissement de tranchées ou de remblais, excéder les maxima qui seront fixés d'un commun accord entre l'État et la Compagnie, après approbation des projets d'exécution. Le Ministre se réserve, d'ailleurs, la faculté de faire exécuter les travaux par les ingénieurs de l'État, dans le cas où il ne pourrait pas accepter les évaluations de la Compagnie.

En cas de désaccord, soit sur la fixation du maximum, soit sur les conséquences des exceptions ci-dessus désignées, il sera procédé par voie d'arbitrage, chaque partie désignant son arbitre et les deux arbitres choisissant, s'il est nécessaire, un tiers arbitre pour les départager. Dans le cas où ils ne pourraient pas se mettre d'accord sur le choix de ce troisième arbitre, celui-ci sera désigné par le président du Tribunal civil de la Seine,à la requête de la partie la plus diligente.

Art. 12.

L'État sera tenu, s'il y a lieu, de supporter les frais de tous travaux qui seraient ultérieurement reconnus nécessaires pour accroître la force motrice hydraulique dans le cas où cet accroissement serait nécessité par les besoins de l'exploitation des lignes électriques dénommées à l'article 1er. Ces travaux seront exécutés par la Compagnie, et les dépenses lui en seront remboursées par l'État, dans les conditions prévues au deuxième paragraphe de l'article précédent. Toutefois, l'obligation de l'État indiquée dans le présent paragraphe ne subsistera que pendant les vingt années qui suivront l'ouverture de chaque ligne à l'exploitation.

L'État aura, d'ailleurs, le droit de disposer, à toute époque, dans l'intérêt de l'industrie et de l'agriculture, de la partie du cube d'eau emmagasinée dans les réservoirs ou amenée par les canaux, qui excédera les besoins de l'exploitation des lignes visées au paragraphe précédent du présent article, à la charge de faire exécuter, sans frais pour la Compagnie, les travaux d'établissement et d'entretien des prises d'eau nécessaires pour cette utilisation des eaux disponibles. De son côté, la Compagnie pourra être autorisée à utiliser les excédents d'eau ou d'énergie électrique pour l'électrification des autres lignes de la région pyrénéenne.

Au cas où l'exploitation des lignes visées aux deux paragraphes précédents n'absorbant pas toute l'énergie électrique produite par les usines indiquées à l'article 5, la Compagnie serait autorisée par l'Administration à vendre à des tiers tout ou partie des excédents disponibles de cette énergie, le coût intégral des travaux à exécuter spécialement en vue de ces fournitures d'énergie serait supporté par les tiers intéressés.

Art. 13.

Le Ministre des Travaux Publics pourra, d'accord avec la Compagnie, décider que, provisoirement, l'énergie électrique qui ne pourrait pas être produite comme il a été prévu aux articles 5 et 12 ci-dessus, sera fournie par des tiers, à des prix et conditions à soumettre à son approbation.

En ce cas, les dépenses pour fournitures d'énergie électrique seront annuellement comprises dans le compte unique de recettes et dépenses de l'exploitation prévu à l'article 10 de la Convention du 9 juin 1883.

Art. 14.

La Compagnie est autorisée à conclure, pour l'exécution des travaux ou fournitures dont elle est chargée par l'article 11 de la présente Convention, des traités généraux qui, pour être valables, devront être approuvés par décret délibéré en Conseil d'État.

B. — *Clauses applicables aux lignes à voie normale.*

ART. 15.

Les rayons des courbes pourront descendre jusqu'à 200 mètres ; la longueur de la partie droite ménagée entre deux courbes consécutives de sens contraire pourra être réduite à 50 mètres. Le maximum de l'inclinaison des pentes et des rampes est fixé à 27 millimètres par mètre ; une partie horizontale d'au moins 60 mètres de longueur devra être ménagée entre deux fortes déclivités consécutives de sens contraire versant leurs eaux au même point.

Sur les lignes électriques, les rayons des courbes pourront également descendre jusqu'à 200 mètres et les déclivités maxima pourront être portées à 40 millimètres par mètre.

Les chiffres énoncés au présent article pourront, à titre exceptionnel, être légèrement modifiés sur quelques points spéciaux, si le Ministre le reconnaissait indispensable, d'accord avec la Compagnie, pour éviter des dépenses excessives.

ART. 16.

La ligne de Villefranche-Vernet-les-Bains à Vernet-les-Bains et à Sahorre se détachera de la gare de Villefranche de telle sorte que les trains venant de Perpignan puissent continuer sans rebroussement jusqu'à Vernet-les-Bains.

ART. 17.

Sur les lignes électriques à voie normale, le matériel de traction seul pourra être de types spéciaux ; les autres véhicules devront être des types en usage sur l'ensemble des Chemins de Fer français à voie normale.

C. — *Clauses applicables aux lignes à voie étroite.*

ART. 18.

La largeur de la voie entre les bords intérieurs des rails sera de 1 mètre.

La largeur du matériel roulant, toutes saillies comprises, n'excédera pas 2 m. 80, ni sa hauteur, 3 m. 50.

Les types en seront arrêtés par le Ministre des Travaux Publics, sur la proposition de la Compagnie.

Dans les parties à deux voies, la largeur de l'entrevoie sera telle qu'entre les parties les plus saillantes de deux véhicules se croisant, il y ait un intervalle libre d'au moins 50 centimètres.

La largeur des accotements, c'est-à-dire des parties comprises de chaque côté entre le bord extérieur du rail et l'arête supérieure du ballast, sera de 75 centimètres.

La couche de ballast sera arasée au niveau du dessus des traverses et aura 35 centimètres d'épaisseur,

En profil normal, il sera ménagé, au pied de chaque talus du ballast, une banquette de largeur telle que l'arête de cette banquette se trouve à 90 centimètres de la verticale passant par la partie la plus saillante du matériel roulant.

En profil rétréci, la largeur de la plate-forme pourra être réduite jusqu'à ne laisser qu'une largeur libre de 70 centimètres entre la verticale passant par la partie la plus saillante du matériel roulant et celle passant par l'obstacle le plus voisin, au niveau du dessus des rails, ou par la crête inférieure du fossé.

Les rayons des courbes pourront descendre jusqu'à 80 mètres ; la longueur de la partie droite ménagée entre deux courbes consécutives de sens contraire pourra être réduite à 40 mètres.

Le maximum de l'inclainaison des pentes et des rampes est fixé à 50 millimètres par mètre : une partie horizontale d'au moins 40 mètres de longueur devra être ménagée entre deux fortes déclivités consécutives de sens contraire versant leurs eaux au même point.

Tous les chiffres énoncés dans les paragraphes qui précèdent, relatifs aux largeurs en profil rétréci, aux courbes et déclivités, pourront, à titre exceptionnel, être légèrement modifiés sur quelques points spéciaux, si le Ministre des Travaux Publics le reconnaissait indispensable, d'accord avec la Compagnie, pour éviter des dépenses excessives.

Les gares, stations, dépôts, ateliers et autres installations accessoires seront tablis d'après les meilleurs types en usage sur les Chemins de fer à voie étroite.

La largeur entre parapets des vi ducs et ponts, au moyen desquels le Chemin de fer franchira les routes, chemins et cours d'eau, l'ouverture entre culées des ponts par dessus le Chemins de fer et la largeur entre piédroits des souterrains pourront être réduites jusqu'à ne laisser qu'un intervalle libre de 70 centimètres à partir de la partie la plus saillante du matériel roulant.

La distance verticale ménagée au-dessus des rails de la voie pour le passage des trains dans une largeur s'étendant jusqu'aux parties les plus saillantes du matériel roulant, ne sera pas inférieure à 4 m. 30 sous les ponts et 4 m. 40 dans les souterrains.

Le poids des rails pourra être réduit à 30 kilogrammes par mètre courant.

Art. 19.

La contribution de la Compagnie aux dépenses de superstructure sera de 12.500 fr. par kilomètre. Ne sera pas comprise dans la longueur à l'exécution de laquelle la Compagnie devra contribuer, celle qui pourra être empruntée par la ligne de Quillan à Montlouis-la-Cabanasse à la ligne à voie normale de Quillan à Bélesta, dans le cas où l'établissement de la voie étroite serait obtenu par la pose d'un troisième rail à l'intérieur de la voie large.

Art. 20.

Le nombre des classes des voitures a voyageurs pourra être réduit à deux, dont l'une correspondant à la troisième classe pour l'application des tarifs.

Les prix de transport, impôts non compris, seront appliqués à des distances virtuelles supérieures de 50 % pour les voyageurs et de 75 % pour les autres transports aux distances effectives par rail. Les majorations qui précèdent ne seront toutefois pas appliquées sur la longueur qui pourra être empruntée, par la ligne de Quillan à Montlouis-la-Cabanasse, à la ligne à voie normale de Quillan à Bélesta.

Pour les relations des gares ou stations des lignes à voie étroite avec les autres gares ou stations du réseau du Midi, il ne sera pas perçu de frais de transmission ; mais les frais de transbordement seront perçus autant de fois qu'il y aura de passages de la voie étroite à la voie normale ou inversement.

Si, pour le calcul de la taxe d'un transport, la plus courte distance s'établit en empruntant en transit une ligne à voie étroite, le prix de ce transport sera de même majoré du droit de transbordement pour chacun des points de transit.

Art. 21.

Les paragraphes 1 à 11 inclus de l'article 56 du cahier des charges du 1er août 1857 relatifs aux Chemins de Fer du réseau du Midi ne sont pas applicables à la concession des lignes de Quillan à Montlouis-la-Cabanasse et de Bourg-Madame à la gare frontière.

Sur ces lignes, l'administration des postes ne pourra disposer, à titre gratuit pour son service, que des trains de voyageurs ou mixtes circulant au heures ordinaires de l'exploitation. Dans chacun de ces trains, la Compagnie sera tenue de recevoir les sacs de dépêches de la poste, escortés ou non d'un convoyeur. Les sacs seront déposés dans un coffre fermant à clef, ayant au moins 1 mètre carré 500 de surface et 80 centimètres de hauteur. Le convoyeur aura droit à une place réservée aussi près que possible de ce coffre.

L'administration des postes aura, en outre, le droit de fixer aux voitures de la Compagnie une boîte aux lettres, dont elle fera opérer la pose et la levée par ses agents.

Art. 22.

L'article 57 dudit cahier des charges du 1er août 1857 n'est pas applicable aux lignes visées à l'article précédent.

Sur ces lignes, dans le cas où l'Administration voudrait, soit pour des jeunes délinquants recueillis par elle pour être transférés dans les établissements d'éducation, soit pour des prisonniers, faire usages des voitures de la Compagnie, celle-ci serait tenue de mettre à sa disposition des places de la dernière classe, en nombre suffisant et, autant que possible, isolées de celles occupées par les autres voyageurs.

Les employés de l'Administration, les gardiens et les prisonniers ou jeunes délinquants ainsi transportés payeront moitié de la taxe applicable aux voyageurs de la dernière classe. Les gendarmes payeront le quart de la même taxe.

D. — *Enregistrement.*

Art. 23.

La présente Convention et tous traités à sou
des Travaux Publics, conformément aux disp
enregistrés au droit fixe de 3 francs.

Fait double à Paris, les jour,

Lu et approuvé :
Signé : Jean Dupuy

LOI

29 Mars 1914

déclarant d'utilité publique l'établissement dans le département des Basses Pyrénées, d'une voie ferrée d'intérêt local de Pau à Sault-de-Navailles et autorisant la Compagnie des Chemins de fer du Midi à accorder une garantie d'intérêt à cette entreprise.

(Journal officiel du 7 avril 1914.)

Le Sénat et la Chambre des Députés ont adopté,

Le Président de la République promulgue la loi dont la teneur suit :

ARTICLE PREMIER.

Est déclaré d'utilité publique l'établissement, dans le département des Basses-Pyrénées, d'une voie ferrée d'intérêt local destinée au transport des voyageurs et des marchandises, entre Pau et Sault-de-Navailles.

La présente déclaration d'utilité publique sera considérée comme nulle et non avenue si les expropriations nécessaires pour l'exécution de la ligne ne sont pas accomplies dans le délai de quatre ans à partir de la promulgation de la loi.

ART. 2.

Le département des Basses-Pyrénées est autorisé à pourvoir à la construction et à l'exploitation de la ligne dont il s'agit, comme voie ferrée d'intérêt local, suivant les dispositions de la loi du 31 juillet 1913, et conformément aux clauses et conditions de la Convention passée le 17 février 1914, entre le Préfet des Basses-Pyrénées, au nom du département et :

1° La Compagnie des Tramways à vapeur de la Chalosse et du Béarn ;

2° MM. Natanson, Edmond, Henri et Joseph Rigaud, qui s'engagent conjointement et solidairement, pour la concession de la ligne susmentionnée, ainsi que de la série de prix et du cahier des charges annexés à cette convention.

Une copie certifiée conforme de ces Conventions, série de prix et cahier des charges restera annexée à la présente loi.

Il en sera de même du tableau des droits de stationnement ou de location prévu à l'article 42 de la loi du 31 juillet 1913.

ART. 3.

Pour l'application des dispositions du titre II de la loi du 31 juillet 1913, le maximum du capital de premier établissement est fixé à la somme de un million neuf cent quarante mille francs (1.940.000 fr.). Ce maximum s'applique à tous les travaux d'établissement, notamment aux dépenses nécessitées par la traversée de la ligne d'intérêt général de Pau à Hagetmau et par l'installation éventuelle d'un gardiennage des passages à niveau.

Le maximum de la charge annuelle pouvant incomber au Trésor est fixé à la somme de soixante-quatre mille six cent quarante-huit francs (64.648 francs). pour la ligne entière.

ART. 4.

Sont approuvés :

1° L'avenant à la Convention du 30 novembre 1912, passé le 9 juillet 1913, entre la Compagnie des Chemins de fer du Midi et la Compagnie des Tramways à vapeur de la Chalosse et du Béarn pour étendre à la voie ferrée d'intérêt local de Pau à Sault-de-Navailles le bénéfice de la garantie accordée par la première Compagnie au réseau de la seconde ;

2° La Convention passée le 27 décembre 1913 entre le Ministre des Travaux Publics, agissant au nom de l'État, et la Compagnie des Chemins de fer du Midi, pour autoriser l'engagement pris par cette dernière.

Art. 5.

L'enregistrement de chacun des deux traités mentionnés ci-dessus, et qui resteront annexés à la présente loi, ne donnera lieu qu'à la perception du droit fixe de trois francs (3 fr.).

Art. 6.

Il est pris acte de la délibération prise le 2 octobre 1913 par le Conseil Général des Basses-Pyrénées, aux termes de laquelle ce Conseil a demandé à bénéficier des dispositions de la loi du 31 juillet 1913 sur les voies ferrées d'intérêt local et, conformément au paragraphe 3 de l'article 49 de ladite loi, a déclaré qu'il acceptait que toutes les voies ferrées subventionnées soient soumises à cette loi au fur et à mesure que les contrats de concession en cours seront remaniés ou viendront à expiration.

Art. 7.

Jusqu'à la mise en vigueur des règlements d'administration publique prévus par l'article 47 de la loi du 31 juillet 1913, les dispositions du décret du 16 juillet 1907 seront applicables à la voie ferrée d'intérêt local ci-dessus mentionnée.

Art. 8.

Il est interdit à la Compagnie des Tramways à vapeur de la Chalosse et du Béarn, sous peine de déchéance, d'engager son capital directement ou indirectement dans une opération autre que la construction ou l'exploitation des tramways ou des voies ferrées d'intérêt local qui lui ont été concédés ou rétrocédés, sans y avoir été préalablement autorisée par décret délibéré en conseil d'État.

La présente loi, délibérée et adoptée par le Sénat et par la Chambre des Députés, sera exécutée comme loi de l'État.

Fait à Paris, le 29 mars 1914.

R. POINCARÉ.

Par le Président de la République :

Le Ministre des Travaux Publics,
Fernand DAVID.

Le Ministre des Finances,
René RENOULT.

AVENANT [1]

à la Convention passée le 30 novembre 1912 entre la Compagnie des Chemins de fer du Midi et la Compagnie des Tramways à vapeur de la Chalosse et du Béarn, accordant une garantie d'intérêt à diverses lignes de tramways dans les départements des Landes et des Basses-Pyrénées.

L'an mil neuf cent treize et le neuf juillet.

Entre la Société Anonyme établie à Paris sous la dénomination de Compagnie des Chemins de Fer du Midi représentée par M. Georges Teissier, Président du Conseil d'Administration, élisant domicile au siège de ladite Société, boulevard Haussmann, nº 54, à Paris, agissant en vertu des pouvoirs qui lui ont été conférés par délibération du Conseil d'Administration en date du 10 mai 1912,

D'une part,

Et la Société Anonyme établie à Paris, sous la dénomination de Compagnie des Tramways à vapeur de la Chalosse et du Béarn, représentée par M. Eugène d'Eichthal, Président du Conseil d'Administration, élisant domicile au siège de ladite Société, boulevard Haussmann, nº 54, à Paris, agissant en vertu des pouvoirs qui lui ont été conférés par délibération du Conseil d'Administration en date du 1er juillet 1913,

D'autre part,

Il a été convenu ce qui suit :

Par une Convention intervenue le 30 novembre 1912, entre la Compagnie des Chemins de Fer du Midi et la Compagnie des Tramways à vapeur de la Chalosse et du Béarn et approuvée par la loi du 28 décembre 1912, une garantie d'intérêt a été accordée par la Compagnie du Midi à diverses lignes de Tramways concédées à la seconde Compagnie dans les départements des Landes et des Basses-Pyrénées.

La Compagnie de la Chalosse et du Béarn ayant obtenu du département des Basses-Pyrénées la rétrocession d'une nouvelle ligne entre Sault-de-Navailles et Pau, la Compagnie du Midi, pour en faciliter la construction et l'exploitation, consent à étendre à cette ligne le bénéfice de sa garantie, conformément aux stipulations ci-après :

---

(1) Avenant approuvé par l'Assemblée générale extraordinaire du 28 avril 1914. Voir note page 44.)

Article premier

Les conditions de l'octroi de la garantie de la Compagnie des Chemins de Fer du Midi à la ligne de Sault-de-Navailles à Pau seront celles définies à l'article 2 de la Convention du 30 novembre 1912.

Pour le calcul de la garantie, du remboursement des avances, et éventuellement du partage des bénéfices, la Compagnie des Tramways à Vapeur de la Chalosse et du Béarn confondra les dépenses et les charges de la ligne de Sault-de-Navailles à Pau, ainsi que la part des recettes lui revenant, avec les dépenses et les charges, d'une part, les recettes d'autre part, des lignes qui font l'objet de la convention du 30 novembre 1912, susvisée.

Le maximum du capital garanti, fixé à 2.300.000 fr. par le 3° de l'article 2 de ladite Convention, est porté à 2.400.000 fr.

Art. 2.

Les modifications et, s'il y a lieu, les agrandissements à faire subir aux gares de jonction entre les lignes du réseau du Midi et la ligne de Sault-de-Navailles à Pau, pour la réception des trains de cette dernière ligne, ainsi que les aménagements particuliers à effectuer pour le même objet dans lesdites gares après accord préalable entre les deux Compagnies et conformément à l'approbation du Ministre des Travaux Publics, seront à la charge exclusive de la Compagnie des Tramways à Vapeur de la Chalosse et du Béarn.

Pour les travaux exécutés aux frais de cette dernière par la Compagnie du Midi les dépenses réellement faites seront majorées de 15 % pour frais généraux et surveillance.

Art. 3.

Pour les transports de marchandises par wagons complets, dont la taxe la plus économique s'établira par un itinéraire empruntant notamment la ligne de Sault-de-Navailles à Pau, la Compagnie du Midi se réserve de les détourner de cet itinéraire entre deux quelconques de ses gares de jonction avec la Compagnie des Tramways de la Chalosse et du Béarn et de les acheminer par ses propres rails, moyennant la perception de cette taxe et en conservant pour elle la recette correspondante.

Au cas où, pour une raison quelconque, ce détournement ne serait pas effectué, la recette afférente au parcours sur la voie étroite n'en restera pas moins acquise à la Compagnie des Chemins de Fer du Midi qui allouera à la Compagnie des Tramways de la Chalosse et du Béarn à titre de taxe de circulation la moitié de ladite recette, en sus des frais accessoires correspondant aux services effectivement rendus par cette dernière Compagnie.

Pour l'application des dispositions qui précèdent, la gare de Pau-Midi sera considérée comme gare de jonction entre le Réseau du Midi et celui de la Chalosse et du Béarn, aussi bien pour les transports à destination ou en provenance de cette gare ou de ses audelà sur le Midi que pour ceux à destination ou en provenance des gares (à l'exception de la gare de Pau-Anglais) des lignes de la Compagnie P. O. M. raccordées à la gare du Midi à Pau.

Sont exceptés des stipulations du présent article les transports en provenance ou à destination d'une gare de la Compagnie des Tramways de la Chalosse et du Béarn autres que les gares de jonction avec la Compagnie des Chemins de Fer du Midi.

La Compagnie des Tramways de la Chalosse et du Béarn donnera à la Compagnie des Chemins de Fer du Midi les facilités nécessaires pour que celle-ci soit à même de reconnaître les transports effectués dans les conditions définies au présent article.

Art. 4.

Les dispositions des articles 3, 6 et 7 de la Convention du 30 novembre 1912 sont applicables à la ligne de Sault-de-Navailles à Pau.

Art. 5.

Le présent avenant ne deviendra définitif qu'autant qu'il aura été approuvé par une loi avant le 1er janvier 1915 et par l'Assemblée Générale des Actionnaires de chacune des Compagnies contractantes dans le délai d'une année après la promulgation de ladite loi.

Il expirera le 31 décembre 1960 en même temps que la Convention du 30 novembre 1912.

Art. 6.

Les frais d'enregistrement du présent avenant seront supportés par la Compagnie des Tramways à Vapeur de la Chalosse et du Béarn.

Lu et approuvé :

Signé : G. TEISSIER.

Lu et approuvé :

Signé : Eugène D'EICHTHAL.

CONVENTION (1)

entre le Ministre des Travaux Publics et la Compagnie des Chemins de fer du Midi, relative à la garantie d'intérêt accordée par cette Compagnie à la ligne de Tramways de Sault-de-Navailles à Pau.

L'an mil neuf cent treize et le 27 décembre.

Entre le Ministre des Travaux Publics, agissant au nom de l'État et sous la réserve de l'approbation des présentes par une loi.

D'une part,

Et la Société Anonyme établie à Paris, sous la dénomination de Compagnie des Chemins de Fer du Midi, représentée par M. Georges Teissier, Président du Conseil d'Administration élisant domicile au siège de ladite Société, boulevard Haussmann, n° 54, à Paris, et agissant en vertu des pouvoirs qui lui ont été conférés par délibération du Conseil d'Administration en date du 10 mai 1912 et sous la réserve de l'approbation des présentes par l'Assemblée générale des actionnaires dans le délai d'une année après la promulgation de la loi ci-dessus visée,

D'autre part,

La Compagnie des Chemins de Fer du Midi, pour faciliter la construction et l'exploitation de la ligne de Tramways de Sault-de-Navailles à Pau, s'étant, sous réserve de l'approbation des pouvoirs publics, engagée par un avenant en date du 9 juillet 1913 à la Convention intervenue le 30 novembre 1912 entre ladite Compagnie et la Compagnie des Tramways à vapeur de la Chalosse et du Béarn et approuvée par la loi du 28 décembre 1912, à étendre à la ligne de Sault-de-Navailles à Pau, le bénéfice de la garantie d'intérêt accordée par la Convention susvisée à diverses lignes de Tramways dans les départements des Landes et des Basses-Pyrénées.

Il a été convenu ce qui suit :

Article premier

Les conditions de l'octroi de la garantie d'intérêt de la Compagnie des Chemins de Fer du Midi à la ligne de Sault-de-Navailles à Pau seront les mêmes que pour les lignes qui font l'objet de la convention du 16 décembre 1912, approuvée par la loi

(1) La Convention ci-dessus a été approuvée par l'Assemblée générale extraordinaire du 28 avril 1914. (Voir note, page 44.)

du 28 décembre 1912, étant entendu que le maximum du capital garanti est porté de 2.300.000 francs à 2.400.000 francs.

ART. 2.

Le compte spécial prévu à l'article 2 de la Convention du 16 décembre 1912 précitée comprendra la ligne de Sault-de-Navailles à Pau.

Le calcul de l'augmentation de recettes se fera pour chaque section de cette ligne successivement ouverte, s'il y a lieu et pour chaque exercice, en déduisant du montant des recettes (expéditions et arrivages) des gares de jonction du réseau du Midi avec la ligne de Sault-de-Navailles à Pau, pendant l'exercice considéré, la moyenne une fois calculée des recettes des trois exercices qui auront précédé l'ouverture de cette ligne, ou de la première section de cette ligne.

La gare de Pau-Midi sera d'ailleurs considérée comme gare de jonction entre le réseau du Midi et la ligne de Sault-de-Navailles à Pau.

ART. 3.

La Compagnie des Chemins de Fer du Midi est autorisée à percevoir, le cas échéant, pour les transports visés par l'article 3 de l'avenant intervenu à la date du 9 juillet 1913 entre elle et la Compagnie des Tramways à Vapeur de la Chalosse et du Béarn, les taxes qui seraient applicables si les transports devaient être normalement acheminés par la ligne de Sault-de-Navailles à Pau.

ART. 4.

Si l'Etat venait à racheter le réseau des Chemins de Fer du Midi, il prendrait à sa charge, aux lieu et place de la Compagnie des Chemins de Fer du Midi, l'exécution de la présente Convention, ainsi que de l'avenant passé le 19 juillet 1913, entre ladite Compagnie et celle des Tramways à Vapeur de la Chalosse et du Béarn.

ART. 5.

L'enregistrement de la présente Convention, ainsi que de l'avenant passé le 9 juillet 1913, entre la Compagnie des Chemins de Fer du Midi et la Compagnie des Tramways à Vapeur de la Chalosse et du Béarn, ne donnera lieu qu'à la perception du droit fixe de 3 francs.

Fait double à Paris, les jour, mois et an que dessus.

Lu et approuvé :	Lu et approuvé :
Signé : G. TEISSIER.	*Signé :* FERNAND DAVID.

NOTE

L'Avenant et la Convention ci-dessus ont été approuvés par l'Assemblée générale du 28 avril 1914, comme suit :

L'Assemblée générale consultée :

. . . .

3° *Approuve l'Avenant à la Convention du 30 novembre 1912, passé le 9 juillet 1913 avec la Compagnie des Tramways à vapeur de la Chalosse et du Béarn, pour étendre à la ligne de Pau à Sault-de-Navailles le bénéfice de la garantie d'intérêt accordé au Réseau de ladite Compagnie, et la Convention passée le 27 décembre 1913 avec M. le Ministre des Travaux Publics, pour autoriser l'engagement pris à cet effet.*

Ledit Avenant et ladite Convention ratifiés par une loi du 29 mars 1914.

4° *Donne tous pouvoirs au Conseil d'Administration pour assurer l'exécution de cet Avenant et de cette Convention.*

LOI

du 11 Avril 1914

approuvant le rachat, par le département de Lot-et-Garonne, de la rétrocession de son réseau de tramways, et une nouvelle rétrocession de ce réseau, et autorisant la Compagnie des Chemins de fer du Midi à accorder une garantie d'intérêt à l'entreprise.

(*Journal officiel du 19 avril 1914.*)

Le Sénat et la Chambre des Députés ont adopté ;

Le Président de la République promulgue la loi dont la teneur suit :

ARTICLE PREMIER.

Le département de Lot-et-Garonne est autorisé, conformément aux dispositions de l'article 19 du cahier des charges annexé au décret du 30 juin 1908, à opérer le rachat de la rétrocession du réseau de Tramways déclaré d'utilité publique par ledit décret.

Il est, en effet, substitué aux droits comme aux obligations qui découlent pour l'État du texte visé au paragraphe précédent en ce qui concerne le rachat.

ART. 2.

Sont approuvées :

1° La Convention passée, le 12 novembre 1913, entre le préfet de Lot-et-Garonne, au nom du département, et la Compagnie des Chemins de fer et Tramways Départementaux du Midi de la France, pour fixer les conditions du rachat amiable du réseau des Tramways de Lot-et-Garonne ;

2° La Convention passée, le 12 novembre 1913, entre le Préfet de Lot-et Garonne, au nom du département, et MM. Ortal, ses fils et Lagueyte, pour la rétrocession du réseau susmentionné conformément aux clauses et conditions du cahier des charges et de la série de prix annexés à cette Convention.

Lesdits cahier des charges et série de prix remplaceront ceux qui étaient annexés au décret précité du 30 juin 1908.

Une copie certifiée conforme desdites Conventions, du nouveau cahier des charges et de la nouvelle série de prix, restera annexée à la présente loi.

Art. 3.

Sont approuvées :

1° La Convention passée le 12 novemnre 1913, entre la Compagnie des Chemins de fer du Midi et MM. Ortal, ses fils et Lagueyte, au sujet de la garantie d'intérêt accordée par cette compagnie aux lignes du réseau des Tramways de Lot-et-Garonne ;

2° La Convention passée, le 27 mars 1914, entre le Ministre des Travaux Publics, agissant au nom de l'État, et la Compagnie des Chemins de fer du Midi, pour autoriser l'engagement pris par cette dernière.

L'enregistrement des deux Conventions susmentionnées, qui resteront annexées à la présente loi, ne donnera lieu qu'à la perception du droit fixe de trois francs (3 fr.).

Art. 4.

Est reporté au 30 juin 1920 le terme du délai fixé par l'article premier du décret du 30 juin 1908 pour les expropriations nécessaires à l'établissement du réseau de Tramways déclaré d'utilité publique par ledit décret.

Art. 5.

Le maximum du capital de premier établissement, fixé à 11.443.300 fr. pour les sept premières lignes du réseau défini à l'article premier du décret du 30 juin 1908 est porté, pour l'ensemble des neuf lignes de ce réseau, à la somme de 15.832.552 francs, y compris 810.690 fr. pour travaux complémentaires et 1.514.787 francs pour travaux à la charge exclusive du département.

Le maximum du capital d'établissement ne sera compté au regard de l'État que pour la somme de 14.317.765 francs.

Le maximum de la charge annuelle pouvant incomber au Trésor est porté, pour l'ensemble des neuf lignes du réseau, de la somme de 230.170 fr. à celle de 290.992 francs.

Jusqu'au 1er janvier qui suivra la mise en exploitation totale du réseau la subvention de l'État pourra être allouée séparément à chacune des neuf lignes ou sections de lignes ci-après au fur et à mesure de leur ouverture à l'exploitation. Elle sera, dans ce cas, calculée au prorata des maxima de dépenses ci-après fixés :

1° Ligne de Villeneuve à Villeréal :	
a) Section de 1 kilom. 053,50 au terminus de Villeréal	1.793.900
b) Ligne entière	2.103.800
2° Ligne de Monflanquin aux forges de Fumel.	1.414.800
3° Ligne de Villeréal à Castillonnès	590.900
4° Ligne de Tonneins à Beauregard	1.905.700
5° Ligne d'Agen à Montaigu	1.569.630
6° Ligne d'Agen à Lamontjoie.	1.042.200
7° 1re section de ligne d'Agen au Mas-d'Agen à Feugarolles.	1.267.900
8° 2e Section de la ligne d'Agen au Mas de Feugarolles au Mas.	1.210.600
9° Ligne de Tonneins à Sos :	
a) Section de 1 kilom. 300 de Tonneins à Sos. . .	1.965.340
b) Ligne entière.	2.401.500

ART. 6.

Les Conventions visées par la présente loi ne seront exécutoires qu'après que le département de Lot-et-Garonne aura pris l'engagement prévu par le paragraphe 3 de l'article 49 de la loi du 31 juillet 1913.

La présente loi, délibérée et adoptée par le Sénat et par la Chambre des Députés, sera exécutée comme loi de l'État.

Fait à Eze, le 11 avril 1914.

R. POINCARÉ.

Par le Président de la République :

Le Ministre des Travaux Publics,	*Le Ministre des Finances,*
FERNAND DAVID	RENÉ RENOULT.

CONVENTION (1)

entre la Compagnie des Chemins de fer du Midi et MM. Ortal, ses fils et A. Lagueyte, accordant une garantie d'intérêt à diverses lignes de tramways dans le département de Lot-et-Garonne.

L'an 1913 et le 12 novembre,

Entre la Société Anonyme établie à Paris sous la dénomination de Compagnie des Chemins de Fer du Midi, représentée par M. Georges Teissier, président du Conseil d'Administration, élisant domicile au siège de ladite Société, boulevard Haussmann, n° 54, à Paris, agissant en vertu des pouvoirs qui lui ont été conférés par délibération du Conseil d'Administration en date du 23 mai 1913.

D'une part,

Et MM. Ortal, ses fils et A. Lagueyte, demeurant à Bordeaux, 13, rue Boudet, rétrocessionnaires de diverses lignes de tramways dans le département de Lot-et-Garonne,

D'autre part,

Il a été convenu ce qui suit :

ARTICLE PREMIER

La Compagnie des Chemins de Fer du Midi s'engage à accorder, dans les conditions définies à la présente Convention, une garantie d'intérêt aux lignes de :

1° Villeneuve à Villéréal ;

2° Montflanquin aux forges de Fumel par Monsempron-Libos ;

3° Villéréal à Castillonnès ;

4° Tonneins à Beauregard ;

5° Agen à Montaigu par Puymirol et Beauville, pour la partie s'étendant jusqu'à la limite du département de Tarn-et-Garonne ;

6° Agen à Lamontjoie, par Aubiac ;

7° Agen au Mas, par Feugarolles ;

8° Tonneins à Sos,

---

(1) Convention approuvée par l'Assemblée générale extraordinaire du 29 juin 1914. (Voir note page 56.)

rétrocédées à MM. Ortal, ses fils et A. Laguëyte, par une Convention en date de ce jour, intervenue entre le département de Lot-et-Garonne, d'une part, et lesdits rétrocessionnaires, d'autre part.

ART. 2.

En cas d'insuffisance des recettes de toute nature de l'ensemble des lignes ci-dessus dénommées — déduction faite des impôts sur les transports et s'il y a lieu, de la part desdites recettes attribuées au département de Lot-et-Garonne par la Convention de rétrocession desdites lignes, mais y compris les annuités qui auront été payées par ce département aux rétrocessionnaires en exécution de ladite Convention, pour faire face aux dépenses et charges suivantes :

1° Dépenses d'exploitation et d'entretien de toute nature, y compris les frais d'administration, les impôts, les loyers et, s'il y a lieu, les frais d'exploitation payés aux Compagnies des Chemins de fer du Midi et d'Orléans pour les gares de jonction avec leurs réseaux, les frais de contrôle, les dépenses relatives aux accidents de toute nature, pertes, avaries, retards, incendies, etc., les allocations pour retraites, institutions de prévoyance et secours, et les prélèvements destinés à la constitution du fonds spécial de renouvellement de la voie et du matériel fixe et roulant prévu par la Convention de rétrocession, lesdites dépenses contrôlées et arrêtées par la Compagnie des Chemins de Fer du Midi ;

2° Charges d'intérêt et d'amortissement au taux de 4,25 % l'an, sous la réserve formulée, pour l'amortissement au dernier alinéa du présent article du capital-actions engagé par les rétrocessionnaires et charges effectives (intérêts, amortissement et frais accessoires) des emprunts qu'ils auront pu être autorisés à contracter, pour l'établissement des lignes susvisées, la fourniture de leur matériel roulant et de leur outillage, ainsi que pour l'exécution des travaux commlémentaires de toute nature, sans que le montant du capital-actions et des emprunts puisse dépasser le chiffre de 4.350.000 francs, la Compagnie des Chemins de fer du Midi payera la différence, à titre d'avance.

Si, au contraire, les recettes — déduction faite des impôts sur les transports, et, s'il y a lieu, de la part desdites recettes attribuées au département de Lot-et-Garonne, mais y compris les annuités qui auront été payées par ce département aux rétrocessionnaires, en exécution de ladite Convention — sont supérieurs au montant cumulé des dépenses et charges sus-définies, l'excédent sera affecté au remboursement des avances faites par la Compagnie des Chemins de fer du Midi, majorées des intérêts simples au taux de 4 %.

Après le remboursement desdites avances ou dès le premier exercice, si les rétrocessionnaires ne font pas appel à la garantie de la Compagnie des Chemins de fer du Midi, les excédents seront affectés à l'augmentation jusqu'au taux de 5 % l'an, de l'intérêt à servir au capital-actions.

Dès que ce taux de 5 % sera dépassé, le surplus desdits excédents sera partagé par moitié entre la Compagnie des Chemins de fer du Midi et les rétrocessionnaires.

L'amortissement du capital-actions ne pourra commencer qu'après la cinquième année d'exploitation de l'ensemble des lignes visées par la présente Convention, à moins que les rétrocessionnaires n'aient, avant cette époque, totalement remboursé à la Compagnie des Chemins de fer du Midi leur dette du chef de la garantie. Dans ce dernier cas, l'amortissement commencera, de droit, deux ans après la fin de ce remboursement.

ART. 3.

Les projets d'établissement des lignes, les marchés à passer pour la fourniture du matériel fixe et du matériel roulant et aussi les projets de travaux complémentaires, seront soumis, avant leur approbation par l'autorité compétente, à l'acceptation de la Compagnie des Chemins de fer du Mi 'i qui se réserve, de plus, le droit de contrôler la bonne exécution de ces travaux et fournitures ainsi que les comptes de dépenses.

ART. 4.

La Compagnie des Chemins de fer du Midi recevra, si les rétrocessionnaires en font la demande, dans ses gares d'Agen, Tonneins et Feugarolles, les lignes qui font l'objet de la présente Convention.

Les modifications et, s'il y a lieu, les agrandissements à faire subir, à cet effet, auxdites gares, ainsi que les aménagements particuliers à y effectuer, après accord préalable entre la Compagnie des Chemins de fer du Midi et les rétrocessionnaires et conformément à l'approbation du Ministre des Travaux Publics, seront à la charge exclusive desdits rétrocessionnaires.

Pour les travaux exécutés à leurs frais par la Compagnie du Midi, les dépenses réellement faites seront majorées de 15 % pour frais généraux et surveillance.

ART. 5.

Pour les transports de marchandises en petite vitesse, dont la taxe la plus économique s'établira par un itinéraire empruntant la ligne d'Agen à Feugarolles, la Compagnie du Midi se réserve de les détourner de cet itinéraire entre ces gares de jonction avec cette ligne de et les acheminer par ses propres rails, moyennant la perception de cette taxe, et en conservant, pour elle, la recette correspondante.

Au cas où, pour une raison quelconque, ce détournement ne serait pas effectué, la recette afférente au parcours sur la voie étroite n'en restera pas moins acquise à la Compagnie des Chemins de fer du Midi qui allouera aux rétrocessionnaires, à titre de taxe de circulation, 40 % de ladite recette, en sus des frais accessoires correspondant aux services effectivement rendus par eux.

Sont exceptés des dispositions qui précèdent, les transports en provenance ou à destination d'une gare des lignes faisant l'objet de la présente Convention, autres que celles d'Agen et de Feugarolles.

Les rétrocessionnaires donneront à la Compagnie des Chemins de fer du Midi les facilités nécessaires pour que celle-ci soit à même de reconnaître les transports effectués dans les conditions définies au présent article.

ART. 6.

Aucune modification aux tarifs appliqués sur les lignes faisant l'objet de la présente Convention ne pourra être proposée à l'autorité compétente qu'avec l'autorisation de la Compagnie des Chemins de fer du Midi.

Les rétrocessionnaires devront, en outre, se conformer aux indications que la Compagnie des Chemins de fer du Midi pourra leur donner au sujet des modifications qu'elle voudrait voir apporter auxdits tarifs.

ART. 7.

Les rétrocessionnaires ne pourront confier à un tiers l'exploitation de tout ou partie des lignes faisant l'objet de la présente convention ni, inversement, se charger de l'exploitation de lignes concédées à un tiers, sans l'autorisation de la Compagnie du Midi.

ART. 8.

Avant de proposer à l'agrément de l'Administration la Société anonyme que les Conventions de rétrocessions les obligent à se substituer, les rétrocessionnaires devront soumettre à l'acceptation de la Compagnie des Chemins de fer du Midi les statuts de cette Société.

ART. 9.

La présente Convention ne deviendra définitive qu'autant qu'elle aura été approuvée par une loi, avant le 1er janvier 1916 et par l'Assemblée Générale des Actionnaires de la Compagnie des Chemins de fer du Midi, dans le délai d'une année après la promulgation de ladite loi.

Elle expirera le 31 décembre 1960, en même temps que la concession de la Compagnie des Chemins de fer du Midi.

ART. 10.

Les frais de timbre et d'enregistrement de la présente Convention seront supportés par des rétrocessionnaires.

Fait à Paris, les jour, mois et an que dessus.

Lu et approuvé :
Signé : G. TEISSIER.

Lu et approuvé :
Signé : P. ORTAL.

Lu et approuvé :
Signé : G. ORTAL.

Lu et approuvé :
Signé : A. LAGUEYTE.

CONVENTION [1]

entre le Ministre des Travaux Publics et la Compagnie des Chemins de fer du Midi, relative à la garantie d'intérêt accordée par cette Compagnie à diverses lignes de tramways établies ou à établir dans le département de Lot-et-Garonne.

L'an mil neuf cent quatorze, et le 27 mars,

Entre le Ministre des Travaux Publics agissant au nom de l'État et sous réserve de l'approbation des présentes par une loi,

D'une part,

Et la Société anonyme établie à Paris, sous la dénomination de Compagnie des Chemins de fer du Midi, représentée par M. Georges Teissier, président du Conseil d'Administration, élisant domicile au siège de ladite Société, boulevard Haussmann, nº 54, à Paris, et agissant en vertu des pouvoirs qui lui ont été conférés par délibération du Conseil d'Administration en date du 23 mai 1913, et sous la réserve de l'approbation des présentes par l'Assemblée Générale des Actionnaires dans le délai d'une année après la promulgation de la loi ci-dessus visée,

D'autre part,

Il a été exposé ce qui suit :

La Compagnie des Chemins de fer du Midi, désireuse de faciliter l'établissement et l'exploitation d'un réseau de tramways dans le département de Lot-et-Garonne, s'est, sous réserve de l'approbation des pouvoirs publics, engagée par une Convention du 12 novembre 1913, passée avec MM. Ortal, ses fils, et A. Lagueyte, rétrocessionnaires des lignes de :

Villeneuve à Villeréal ;

Monflanquin aux forges de Fumel par Monsempron-Libos ;

Villeréal à Castillonnès ;

---

(1) Convention approuvée par l'Assemblée générale extraordinaire du 29 juin 1914. (Voir note page 56.)

Tonneins à Beauregard ;

Agen à Montaigu par Puymirol et Beauville pour la partie s'étendant jusqu'à la limite du département de Tarn-et-Garonne ;

Agen à Lamontjoie par Aubiac ;

Agen au Mas par Feugarolles ;

Tonneins à Sos,

à accorder à ces lignes une garantie d'intérêt.

Cet engagement a pour objet de garantir, aux conditions stipulées dans ladite Convention, les insuffisances d'exploitation s'il y a lieu, l'intérêt et, s'il y a lieu, l'amortissement au taux de 4,25 % l'an du capital-actions engagé par les rétrocessionnaires ainsi que les charges effectives (intérêts, amortissement et frais accessoires) des emprunts ainsi que les charges effectives (intérêts, amortissement et frais accessoires) des emprunts qu'ils pourraient contracter après due autorisation, sans que le montant cumulé dudit capital-actions et desdits emprunts puisse excéder le chiffre de 1.350.000 fr.

En retour et par la même Convention, MM. Ortal, ses fils et A. Lagueyte se sont engagés à rembourser à la Compagnie des Chemins de fer du Midi sur les excédents de recettes définis à l'article 2 de la susdite Convention, les avances qu'elle leur aura faites, augmentées des intérêts à 4 % l'an et de partager ensuite avec elle, dans les conditions prévues au même article, les bénéfices éventuels de l'exploitation.

Cela étant, il a été convenu ce qui suit :

Article premier

Les sommes payées chaque année, à titre de garantie, par la Compagnie des Chemins de fer du Midi à MM. Ortal, ses fils et A. Lagueyte pour les lignes faisant l'objet de la présente Convention seront prélevées jusqu'à la clôture du compte spécial institué par l'article 2 ci-après sur les 12.500.000 francs mentionnés au paragraphe 2 de l'article 13 de la Convention du 9 juin 1883, approuvée par la loi du 20 novembre suivant.

Art. 2.

Il sera ouvert, par la Compagnie des Chemins de fer du Midi, un compte spécial au débit duquel seront portées les sommes payées par elle chaque année à titre de garantie.

Ce compte spécial sera crédité à la fin de chaque exercice, savoir :

1° De l'augmentation des recettes effectuées sur le réseau du Midi, par suite des apports de trafic provenant des lignes faisant l'objet de la présente Convention ;

2° Des sommes qui, avant la clôture dudit compte, seraient remboursées à la Compagnie des Chemins de fer du Midi, sur le montant des avances de garantie déjà faites par elle.

Le calcul de l'augmentation de recettes provenant des apports de trafic se fera pour chaque ligne ou section de ligne et pour chaque exercice, en déduisant du montant des recettes (expéditions et arrivages) effectuées pendant l'exercice considéré par celle des gares du réseau du Midi (Agen, Tonneins, Feugarolles, etc.) où arrivera le trafic de ladite ligne ou section de ligne, la moyenne, une fois calculée, des recettes des trois exercices qui auront précédé la mise en exploitation de cette ligne ou section de ligne.

Les dépenses et les recettes du compte spécial seront majorées de leurs intérêts à 3 1/2 % l'an.

ART. 3.

Pendant l'exploitation partielle du réseau des lignes faisant l'objet de la présente Convention, la Compagnie des Chemins de fer du Midi aura la faculté de porter en recette à son réseau les soldes créditeurs du compte spécial institué par l'article 2 ci-dessus. Lorsque, après la mise en exploitation de l'ensemble dudit réseau, le compte spécial sera resté créditeur pendant cinq années consécutives, ce compte sera définitivement clos. Après cette clôture, la Compagnie des Chemins de fer du Midi portera à son compte annuel d'exploitation les dépenses devant résulter de sa Convention du 12 novembre 1913 avec MM. Ortal, ses fils, et A. Lagueyte, et confondra dans l'ensemble des recettes de son réseau le solde créditeur du compte, les augmentations de recettes visées à l'article 2 ci-dessus, les remboursements qui seront effectués sur le montant de sa garantie et, enfin, la part qui lui reviendra dans les bénéfices des lignes qui font l'objet de la présente Convention.

ART. 4.

La Compagnie des Chemins de fer du Midi est autorisée à percevoir, le cas échéant pour les transports visés par le premier alinéa de l'article 5 de la convention intervenue à la date du 12 novembre 1913 entre elle et MM. Ortal, ses fils et A. Lagueyte, les taxes qui seraient applicables si les transports devaient être normalement acheminés par la voie étroite entre Agen et Feugerolles.

ART. 5.

Si l'Etat venait à racheter le réseau des Chemins de fer du Midi, il prendrait à sa charge au lieu et place de la Compagnie des Chemins de fer du Midi, l'exécution de la présente Convention ainsi que la Convention passée le 12 novembre 1913 entre ladite Compagnie et MM. Ortal, ses fils et A. Lagueyte.

ART. 6.

L'enregistrement de la présente Convention ainsi que de celle passée le 12 novembre 1913 entre la Compagnie des Chemins de fer du Midi et MM. Ortal ses fils et A. Lagueyte ne donnera lieu qu'à la perception du droit fixe de trois francs.

Fait double, à Paris, les jour, mois et an que dessus.

Lu et approuvé :
Signé : FERNAND DAVID.

Lu et approuvé :
Signé : G. TESSIER.

NOTE

Les deux Conventions ci-dessus ont été approuvées par l'Assemblée générale extraordinaire du 29 juin 1914, comme suit :

L'Assemblée générale consultée :

1° *Approuve la Convention passée le 12 novembre 1913 avec les rétrocessionnaires de diverses lignes de Tramways dans le département de Lot-et-Garonne leur accordant une garantie d'intérêt, et la Convention passée le 27 mars 1914 avec M. le Ministre des Travaux Publics, relative à cette garantie d'intérêt.*

Lesdites Conventions ratifiées par une loi du 11 avril 1914.

2° *Donne tous pouvoirs au Conseil d'Administration pour assurer l'exécution de ces deux Conventions.*

. . . .

. . . .

LOI

du 15 Avril 1914

approuvant l'augmentation du capital de premier établissement du réseau des Chemins de fer d'intérêt local des Pyrénées-Orientales, ainsi que l'augmentation du capital dont la garantie d'intérêts est accordée par la Compagnie du Midi à la Société concessionnaire de ce réseau.

(Journal officiel du 19 avril 1914.)

Le Sénat et la Chambre des Députés ont adopté,

Le Président de la République promulgue la loi dont la teneur suit :

ARTICLE PREMIER.

Sont approuvés :

1° L'avenant passé le 4 juin 1913 entre le Préfet des Pyrénées-Orientales, au nom du département, et la Société Anonyme des Chemins de fer des Pyrénées-Orientales, à l'effet de modifier les articles 6 et 7 de la Convention du 1er octobre 1908, approuvée par la loi du 19 décembre 1908, qui a déclaré d'utilité publique l'établissement des chemins de fer d'intérêt local de Perpignan au Barcarès et embranchement, de Thuir à Perpignan et d'Arles-sur-Tech à Prats-de-Mollo et embranchement.

Une copie certifiée conforme à cet avenant restera annexée à la présente loi ;

2° L'avenant passé le 20 juillet 1913 entre la Compagnie des Chemins de fer du Midi et la Société Anonyme des Chemins de fer des Pyrénées-Orientales, à l'effet d'augmenter le capital garanti par le première à la seconde ;

3° La Convention passée le 20 juillet 1913 entre le Ministre des Travaux publics, agissant au nom de l'État, et la Compagnie des Chemins de fer du Midi relativement au même objet.

ART. 2.

L'enregistrement de l'avenant et la Convention mentionnés aux paragraphes 2° et 3° de l'article premier ci-dessus, et qui resteront annexés à la présente loi, ne donnera lieu qu'à la perception du droit fixe de trois francs (3 fr.).

ART. 3.

Le maximum du capital de premier établissement des Chemins de fer d'intérêt local de Perpignan au Barcarès et embranchement, de Thuir à Perpignan et d'Arles-sur-Tech à Prats-de-Mollo et embranchement, fixé à 6.850.000 francs par l'article 6 de la loi du 19 décembre 1908, est porté au chiffre de neuf millions deux cent quarante-cinq mille francs (9.245.000 fr. non compris les intérêts des capitaux engagés par le département pendant la période de construction, savoir :

Ligne de Perpignan au Barcarès, avec embranchement sur Baixas, 3.800.000 francs.

Ligne de Thuir à Perpignan, 1.535.000 francs.

Ligne d'Arles-sur-Tech à Prats-de-Mollo avec embranchement sur Saint-Laurent-de-Cerdans, 3.910.000 francs.

Ce maximum pourra être successivement augmenté pour travaux complémentaires et conformément aux dispositions de l'article 12 de la Convention du 1er octobre 1908, jusqu'à concurrence de deux cent trente-sept mille francs (237.000 fr.).

ART. 4.

Le maximum de la charge annuelle pouvant incomber au Trésor est maintenu au chiffre de 147.440 fr. fixé par l'article 6 de la loi du 19 décembre 1908.

La présente loi, délibérée et adoptée par le Sénat et par la Chambre des Députés, sera exécutée comme loi de l'État.

Fait à Eze, le 15 avril 1914.

R. POINCARÉ.

Par le Président de la République :

Le Ministre des Travaux Publics,
FERNAND DAVID,

Le Ministre des Finances,
RENÉ RENOULT.

AVENANT [1]

à la Convention du 1er octobre 1908 relative à la garantie d'intérêt de diverses lignes d'intérêt local dans le département des Pyrénées Orientales.

L'an 1913 et le 20 juillet ;

Entre la Société Anonyme établie à Paris sous la dénomination de Compagnie des Chemins de fer du Midi, représentée par M. G. Teissier, président du Conseil d'administration, élisant domicile au siège de ladite Société, boulevard Haussmann, n° 54, à Paris, agissant en vertu des pouvoirs qui lui ont été conférés par délibération du Conseil d'administration en date du 10 mai 1912,

D'une part,

Et la Société Anonyme des Chemins de fer des Pyrénées-Orientales, représentée par M. H. Moffre, vice-président du Conseil d'Administration, élisant domicile au siège de ladite Société, boulevard Haussmann, n° 54, à Paris, agissant en vertu des pouvoirs qui lui ont été conférés par délibération du Conseil d'Administration en date du 17 mai 1912,

D'autre part,

Il a été exposé ce qui suit :

Par une Convention en date du 1er octobre 1908, intervenue entre la Compagnie des Chemins de fer du Midi et M. Level (Francis), ingénieur des constructions civiles, agissant comme concessionnaire de diverses lignes d'intérêt local dans le département des Pyrénées-Orientales, la Compagnie des Chemins de fer du Midi a accordé le bénéfice d'une garantie d'intérêt auxdites lignes, savoir :

a) De Perpignan au Barcarès avec embranchement sur Baixas ;

b) De Thuir à Perpignan ;

c) D'Arles-sur-Tech à Prats-de-Mollo, avec embranchement sur Saint-Laurent-de Cerdans.

---

(1) Avenant approuvé par l'Assemblée générale extraordinaire du 29 juin 1914. (Voir note page 63.)

Un décret du 4 juillet 1910 a approuvé ultérieurement la substitution à M. Level (Francis) d'une Société anonyme constituée sous la dénomination de Société des Chemins de fer des Pyrénées-Orientales. Cette Société a accepté, par un avenant du 4 juin 1913 à la Convention de concession en date du 1er octobre 1908, d'augmenter le montant de sa participation aux dépenses d'établissement des lignes susvisées.

La Compagnie du Midi consent de son côté à élever le maximum du capital garanti, fixé à 1.900.000 francs par la Convention du 1er octobre 1908, intervenue entre elle et M. Level (Francis).

En conséquence, il a été convenu ce qui suit :

Article premier

Les dispositions de l'article 2 de ladite Convention sont modifiées comme il est ndiqué ci-après :

« En cas d'insuffisance des recettes de l'ensemble des lignes ci-dessus dénommées, déduction faite des impôts et, s'il y a lieu, de la part desdites recettes attribuée au département des Pyrénées-Orientales par la Convention de concession desdites lignes, mais y compris les annuités qui auront été payées par ce département au concessionnaire en exécution de la même Convention et les intérêts produits par la somme déposée à titre de cautionnement en vertu de l'article 66 du cahier des charges y annexé, pour faire face aux dépenses et charges suivantes :

« 1° Dépenses d'exploitation et d'entretien de toute nature, y compris les frais d'administration, les impôts, les loyers et frais d'exploitation des gares communes au réseau d'intérêt local qui fait l'objet de la présente Convention et au réseau des Chemins de fer du Midi, les frais du service du poste de la bifurcation de la ligne *a*) et du chemin de fer de Narbonne à la frontière, les frais de contrôle, les dépenses relatives aux accidents de toute nature, pertes, avaries, retards, incendies, etc., et les allocations du concessionnaire pour retraites, institutions de prévoyance et secours, lesdites dépenses contrôlées et arrêtées par la Compagnie des Chemins de fer du Midi :

« 2° Charges d'intérêt et, s'il y a lieu, d'amortissement au taux de 4 % l'an, du capital-actions engagé par le concessionnaire, et charges effectives (intérêts, amortissement et frais accessoires) des emprunts que, par application de l'article 18 de la loi du 11 juin 1880, il aura pu être autorisé à contracter pour :

« L'établissement des lignes susmentionnées, la fourniture de leur matériel roulant et de leur outillage, le cautionnement prévu à l'article 66 du cahier des charges annexé à la Convention de concession, ainsi que pour les travaux complémentaires de toute nature qui pourraient être à la charge du concessionnaire.

« Sans que le montant du capital-actions et des emprunts susvisés puisse dépasser le chiffre de 2.500.000 francs.

« La Compagnie des Chemins de fer du Midi payera la différence à titre d'avance.

« Si les recettes de l'ensemble des lignes ci-dessus dénommées, déduction faite des impôts, et, s'il y a lieu, de la part desdites recettes attribuée au département des Pyrénées-Orientales par la Convention de concession desdites lignes, mais y compris les annuités qui auront été payées par ce département au concessionnaire en exécution de la même Convention, sont supérieures au montant cumulé des dépenses et charges susdéfinies, l'excédent sera affecté au remboursement des avances faites par la Compagnie des Chemins de fer du Midi, majorée des intérêts simples au taux de 3 1/2 %. »

(La suite de l'article subsiste sans modification.)

ART. 2.

Le présent avenant ne deviendra définitif qu'autant qu'il aura été approuvé par une loi avant le 1er juillet 1914 et par l'Assemblée générale des actionnaires de chacune des Sociétés contractantes, dans le délai d'une année après la promulgation de ladite loi.

ART. 3.

Les frais d'enregistrement du présent avenant seront à la charge de la Société anonyme des Chemins de fer des Pyrénées-Orientales.

Lu et approuvé :	Lu et approuvé :
Signé : G. TEISSIER.	*Signé :* H. MOFFRE.

CONVENTION [1]

entre le Ministre des Travaux Publics et la Compagnie des Chemins de fer du Midi relative à la garantie d'intérêt accordée par cette Compagnie à diverses chemins de fer d'intérêt local du département des Pyrénées-Orientales.

L'an 1913 et le 20 juillet.

Entre le Ministre des Travaux Publics, agissant au nom de l'Etat et sous réserve de l'approbation des présentes par une loi,

D'une part,

Et la Société Anonyme établie à Paris, sous la dénomination de Compagnie des Chemins de fer du Midi, représentée par M. G. Teissier, Président du Conseil d'Administration, élisant domicile au siège de ladite Société, boulevard Haussmann, n° 54, à Paris, et agissant en vertu des pouvoirs qui lui ont été conférés par délibération du Conseil d'Administration en date du 10 mai 1912 et sous la réserve de l'approbation des présentes par l'Assemblée générale des Actionnaires dans le délai d'une année après la promulgation de la loi ci-dessus visée,

D'autre part,

Il a été exposé ce qui suit :

Une Convention intervenue le 21 octobre 1908 entre le Ministre des Travaux Publics, agissant au nom de l'État, et la Compagnie des Chemins de fer du Midi, et approuvée par la loi du 19 décembre 1908, a approuvé les conditions de l'octroi par ladite Compagnie d'une garantie d'intérêt à diverses lignes d'intérêt local du département des Pyrénées-Orientales, concédées à M. Level (Francis), auquel a été depuis régulièrement substituée la Société Anonyme des Chemins de fer des Pyrénées-Orientales.

---

(1) Convention approuvée par l'Assemblée générale extraordinaire du 20 juin 1914. (Voir note page 63.)

Cette Société s'est engagée, par un avenant du 4 juin 1913 à la Convention de concession desdites lignes, à augmenter le montant de sa participation aux dépenses d'établissement de ses lignes. De son côté, la Compagnie du Midi, par un avenant du 20 juillet 1913 à la Convention intervenue le 1er octobre 1908 entre elle et M. Level (Francis), pour régler les conditions de l'octroi de la garantie d'intérêt, et approuvée par la loi du 19 décembre 1908 susvisée, a consenti à porter de 1.900.000 francs à 2.500.000 francs le maximum du capital garanti.

Cela étant, il a été convenu ce qui suit :

Article premier.

Il est pris acte par le Ministre des Travaux Publics de l'avenant du 20 juillet 1913 à la Convention du 1er octobre 1908 intervenu entre la Compagnie des Chemins de fer du Midi et la Société anonyme des Chemins de fer des Pyrénées-Orientales.

Les dispositions de la Convention du 21 octobre 1908 resteront intégralement applicables aux lignes dont elle fait l'objet, étant entendu que le montant maximum du capital garanti est porté à 2.500.000 francs.

Art. 2.

L'enregistrement de la présente Convention, ainsi que de l'avenant passé le 20 juillet 1913 entre la Compagnie des Chemins de fer du Midi et la Société Anonyme des Chemins de fer des Pyrénées-Orientales ne donnera lieu qu'à la perception du droit fixe de 3 francs.

Fait double à Paris, les jour, mois et an que dessus.

Lu et approuvé :
Signé : J. THIERRY.

Lu et approuvé :
Signé : G. TEISSIER.

NOTE

L'Avenant et la Convention ci-dessus ont été approuvés par l'Assemblée générale extraordinaire, du 29 juin 1914, comme suit :

L'Assemblée générale consultée :

. . . .

. . . .

3° *Approuve l'Avenant à la Convention du 1er octobre 1908, passé le 20 juillet 1913 avec la Société Anonyme des Chemins de fer des Pyrénées-Orientales et la Convention passée le 20 juillet 1913 avec M. le Ministre des Travaux Publics, au sujet de l'augmentation du maximum du capital garanti fixé par la Convention du 1er octobre 1908.*

Ledit Avenant et ladite Convention ratifiées par une loi du 15 avril 1914.

4° *Donne tous pouvoirs au Conseil d'Administration pour assurer l'exécution de cet Avenant et de cette Convention.*

5

LOI

du 13 Août 1914

déclarant d'utilité publique l'établissement d'un réseau de voies ferrées d'intérêt local dans les départements du Tarn et de la Haute-Garonne et autorisant la Compagnie des Chemins de fer du Midi à accorder une garantie d'intérêt à l'entreprise.

(Journal officiel du 25 Août 1914.)

Le Sénat et la Chambre des députés ont adopté,

Le Président de la République promulgue la loi dont la teneur suit :

ARTICLE PREMIER

Est déclaré d'utilité publique l'établissement des voies ferrées d'intérêt local suivantes, destinées au transport des voyageurs et des marchandises, dans les départements du Tarn et de la Haute-Garonne :

De Castres à Toulouse avec embranchement du pont de l'Hers à Croix-Daurade ;

De Castres à Revel ;

Et dans le département du Tarn ;

De Cadalen à Larroque, avec embranchement du pont de la Lèbre à Vaour.

La présente déclaration d'utilité publique sera considérée comme nulle et non avenue, si les expropriations nécessaires pour l'exécution des lignes ne sont pas accomplies dans le délai de cinq ans, à partir de la promulgation de la loi.

ART. 2

Les départements du Tarn et de la Haute-Garonne sont autorisés à pourvoir à la construction et à l'exploitation des voies ferrées dont il s'agit, suivant les dispositions de la loi du 31 juillet 1913 et conformément aux clauses et conditions :

1° De la Convention passée, le 20 juin 1914, entre les départements du Tarn et de la Haute-Garonne ;

2° De la Convention passée, le 20 juin 1914, entre le Préfet du Tarn, au nom du département, et MM. Giros et Loucheur, pour la concession des lignes ou sections des lignes susmentionnées situées dans le département du Tarn, ainsi que de la série de prix et du cahier des charges annexés à cette Convention ;

3° De la Convention passée, le 20 juin 1914, entre le Préfet de la Haute-Garonne, au nom du département, et MM. Giros et Loucheur, pour la concession des sections des lignes susmentionnées situées dans le département de la Haute-Garonne, ainsi que la série de prix et du cahier des charges annexés à cette Convention.

Une copie certifiée conforme de ces Conventions, séries de prix et cahier des charges restera annexée à la présente loi.

Il en sera de même du tableau des droits de stationnement et de location d'emplacement prévu à l'article 42 de la loi du 31 juillet 1913.

ART. 3

Pour l'application des dispositions du titre II de la loi du 31 juillet 1913, le maximum du capital de premier établissement à la charge des départements est fixé :

1° A la somme de sept millions huit cent soixante-deux mille deux cent cinquante francs (7.862.250 fr.), pour les lignes ou sections des lignes susvisées situées dans le département du Tarn ;

2° A la somme de deux millions cinq cent quatre-vingt-dix-huit mille sept-cent-cinquante francs (2.598.750 fr.) pour les sections des dites lignes situées dans le département de la Haute-Garonne.

Le maximum des travaux complémentaires à exécuter pendant les dix premières années de l'exploitation est fixé à la somme de cinquante-cinq mille trois cents francs (55.300 fr.) pour les lignes du réseau à vapeur situé dans le département du Tarn.

Le maximum de la charge annuelle pouvant incomber au Trésor est fixé à la somme de deux cent-vingt-neuf mille cent-quarante francs (229.140 fr.) pour les sections situées dans le département du Tarn, et à la somme de soixante-trois mille quatre cent quatre-vingt-deux francs (63.482 fr.) pour les sections situées dans le département de la Haute-Garonne.

ART. 4

Sont approuvées :

1° La Convention passée, le 25 juin 1914, entre la Compagnie des Chemins de fer du Midi et MM. Giros et Loucheur, et par laquelle la Compagnie du Midi accorde une garantie d'intérêt aux lignes susvisées de Castres à Toulouse avec embranchement du pont de l'Hers à Croix-Daurade, de Castres à Revel et de Cadalen à Larroque avec embranchement sur Vaour ;

2° La Convention passée, le 25 juin 1914, entre le Ministre des Travaux Publics, au nom de l'Etat, et la Compagnie des Chemins de fer du Midi, pour autoriser l'engagement pris par cette dernière.

ART. 5

L'enregistrement de chacun des deux traités mentionnés à l'article 4, et qui resteront annexés à la présente loi, ne donnera lieu qu'à la perception du droit fixe de trois francs (3 fr.).

ART. 6

Les dispositions de l'ordonnance du 13 novembre 1846 et du décret du 1er mars 1901 resteront applicables aux lignes de Castres à Toulouse et à Revel et de Cadalen à Larroque et embranchement, jusqu'à la promulgation des règlements d'administration publique prévus à l'article 47 de la loi du 31 juillet 1913.

ART. 7

Il est pris acte des délibérations prises, le 20 août 1913, par le Conseil général du Tarn, et le 5 septembre 1913, par le Conseil Général de la Haute-

Garonne, aux termes desquelles ces départements ont déclaré, conformément au paragraphe 3 de l'article 49 de la loi du 31 juillet 1913, qu'ils acceptent que toutes leurs voies ferrées subventionnées soient soumises à ladite loi au fur et à mesure que les contrats de concessions en cours seront remaniés ou viendront à expiration.

La présente loi, délibérée et adoptée par le Sénat et par la Chambre des Députés, sera exécutée comme loi de l'Etat.

Fait à Paris, le 13 août 1914.

Signé : R. POINCARÉ.

Le Ministre des Travaux Publics,
Signé : R. RENOULT

Le Ministre des Finances,
Signé : J. NOULENS.

CONVENTION [1]

entre la Compagnie des Chemins de fer du Midi et MM. Giros et Loucheur, Concessionnaire de diverses voies ferrées d'intérêt local dans les Départements du Tarn et de la Haute-Garonne.

L'an mil neuf cent quatorze et le vingt-cinq juin.

Entre la Société Anonyme établie à Paris, sous la dénomination de Compagnie des Chemins de fer du Midi, représentée par M. Georges Teissier, Président du Conseil d'Administration, élisant domicile au siège de ladite Société, boulevard Haussmann, n° 54, à Paris, agissant en vertu des pouvoirs qui lui ont été conférés par délibération du Conseil d'Administration en date du 19 juin 1914,

D'une part,

Et MM. Giros et Loucheur, demeurant à Paris, rue de Miromesnil, n° 69, concessionnaires de diverses voies ferrées d'intérêt local dans les départements du Tarn et de la Haute-Garonne.

D'autre part,

Il a été exposé ce qui suit :

MM. Giros et Loucheur ont obtenu en principe la concession dans les départements du Tarn et de la Haute-Garonne d'une voie ferrée d'intérêt local à traction électrique de Castres à Toulouse, avec embranchement sur Revel, mais à la condition, en ce qui concerne le département du Tarn, qu'ils acceptent en même temps la concession d'une voie ferrée d'intérêt local à traction par la vapeur de Cadalen à Larroque, par Gaillac, avec embranchement sur Vaour.

La Compagnie des Chemins de fer du Midi, désireuse de se prêter à l'établissement de la ligne électrique susvisée, a consenti, sous les réserves mentionnées ci-après, à accorder une garantie d'intérêt non seulement à cette ligne, mais encore au réseau à vapeur dont la concession est, comme il vient d'être dit, le complément nécessaire de la concession de la ligne électrique.

Cela étant, il a été convenu ce qui suit :

---

(1) Convention annulée et remplacée par la Convention du 25 Janvier 1923 (Voir loi du 30 Mars 1923, article 4, page 129.)

ARTICLE PREMIER

La Compagnie des Chemins de fer du Midi s'engage à accorder, dans les conditions définies à la présente Convention, une garantie d'intérêt aux lignes de :

1° Castres à Toulouse, avec embranchement sur Revel ;

2° Cadalen à Larroque, avec embranchement sur Vaour, concédées à MM. Giros et Loucheur par deux Conventions en date du 20 juin 1914, intervenues respectivement entre le département du Tarn et celui de la Haute-Garonne, d'une part, et lesdits concessionnaires, d'autre part,

Cette garantie s'étendra, en outre, s'il y a lieu, aux usines génératrices d'énergie électrique qui pourront être construites par les concessionnaires pour alimenter la ligne du 1° ci-dessus. Elle s'étendra également aux stations de transformation et aux lignes de transport de l'énergie électrique.

ART. 2

En cas d'insuffisance des recettes de toute nature de la ligne mentionnée au 1° de l'article 1er ci-dessus et, le cas échéant, des usines génératrices, déduction faite des impôts sur les transports des prélèvements opérés par la Compagnie du Midi, conformément à l'article 6 ci-après, et s'il y a lieu, de la part desdites recettes attribuée aux départements par les Conventions de concession, pour faire face aux dépenses et charges suivantes :

1° Dépenses d'exploitation et d'entretien de toute nature afférentes à ladite ligne, y compris les frais d'administration, les impôts, les loyers et, s'il y a lieu, les frais d'exploitation payés à la Compagnie du Midi et à d'autres compagnies pour les gares de jonction avec leurs réseaux, les dépenses relatives, le cas échéant, à l'achat à des tiers de l'énergie électrique, les frais de contrôle, les dépenses relatives aux accidents de toute nature, pertes, avaries, retards, incendies, etc., les allocations pour retraites, institutions de prévoyance et secours et les prélèvements destinés à la constitution du fonds de renouvellement et du fonds spécial de réserve prévus par les Conventions de concession, lesdites dépenses contrôlées et arrêtées par la Compagnie des Chemins de fer du Midi ;

2° Charges d'intérêt et d'amortissement, au taux de quatre un quart pour cent (4 1/4 p. 100) l'an, sous la réserve formulée pour l'amortissement au dernier alinéa du présent article du capital-actions engagé par les concessionnaires, et charges effectives (intérêts, amortissement et frais accessoires) des emprunts qu'ils auront pu être autorisés à contracter pour l'établissement de la ligne sus-mentionnée, la fourniture du matériel roulant et de l'outillage, la construction des usines génératrices et stations de transformation et l'établissement des lignes de transport d'énergie, ainsi que pour l'exécution des travaux complémentaires de toute nature dans les conditions prévues par les conventions de concession, sans que le montant du capital-actions et des emprunts susvisés puisse dépasser le chiffre de cinq millions trois cent mille francs (5.300.000 fr.).

La Compagnie des Chemins de fer du Midi payera la différence à titre d'avance.

Si, au contraire, les recettes, déduction faite des impôts sur les transports, des prélèvements opérés par la Compagnie du Midi, et s'il y a lieu, de la part desdites recettes attribuée aux départements, sont supérieures au montant cumulé des dépenses et charges susdéfinies, l'excédent sera affecté :

1° Au remboursement des avances faites par la Compagnie des Chemins de fer du Midi, par application des dispositions du présent article majorées des intérêts simples au taux de quatre pour cent (4 p. 100) l'an ;

2° Au remboursement des avances faites par la Compagnie des Chemins de fer du Midi par application de l'article 3 ci-après, majorées des intérêts simples au même taux.

Après le remboursement desdites avances, ou dès le premier exercice, si les concessionnaires ne font pas appel à la garantie de la Compagnie des Chemins de fer du Midi, les excédents seront affectés à l'augmentation, jusqu'au taux de cinq pour cent (5 p. 100) l'an, de l'intérêt à servir au capital-actions.

Dès que le taux de cinq pour cent (5 p. 100) sera dépassé, le surplus desdits excédents sera partagé par moitié entre la Compagnie des Chemins de fer du Midi et les concessionnaires.

L'amortissement du capital-actions ne pourra commencer qu'après la cinquième année d'exploitation de l'ensemble de la ligne dénommée au 1° de l'article 1er de la présente Convention, à moins que les concessionnaires n'aient, avant cette époque, totalement remboursé à la Compagnie des Chemins de fer du Midi leur dette du chef de la garantie. Dans ce dernier cas, l'amortissement commencera de droit deux ans après la fin de ce remboursement.

Art. 3

Si les recettes de toute nature de la ligne mentionnée au 2° de l'article 1er ci-dessus, déduction faite des impôts sur les transports et, s'il y a lieu, de la part desdites recettes attribuée au département du Tarn par la convention de concession, mais y compris les versements effectués par ce département aux concessionnaires pour l'extinction du compte d'attente des travaux complémentaires et du compte d'attente des insuffisances d'exploitation conformément aux articles 12 *bis* et 15 *bis* de ladite convention, sont inférieures aux dépenses et charges suivantes :

1° Dépenses d'exploitation et d'entretien de toute nature afférentes à la ligne précitée, y compris les frais d'administration, les impôts, les loyers et, s'il y a lieu, les frais d'exploitation payés à d'autres compagnies pour les gares de jonction avec leurs réseaux, les frais de contrôle, les dépenses relatives aux accidents de toute nature, pertes, avaries, retards, incendies, etc..., les allocations pour retraites, instructions de prévoyance et secours et les prélèvements destinés à la constitution du fonds de renouvellement prévu par la Convention de concession, lesdites dépenses contrôlées et arrêtées par la Compagnie des Chemins de fer du Midi ;

2° Charges effectives (intérêts, amortissement et frais accessoires) des emprunts que les concessionnaires auront pu être autorisés à contracter pour l'exécution, sur ladite ligne, de travaux complémentaires de toute nature dans les conditions prévues par la Convention de concession, sans que le montant total de ces emprunts puisse dépasser le chiffre de deux cent mille francs (200.000 fr.) ; la différence sera comblée par des prélèvements sur la réserve d'exploitation ci-dessous définie. En cas d'insuffisance de ladite réserve, la Compagnie des Chemins de fer du Midi payera la différence à titre d'avance.

Si, au contraire, lesdites recettes sont supérieures au montant cumulé des dépenses et charges susdéfinies, l'excédent sera affecté :

1° Au remboursement des avances faites par la Compagnie des Chemins de fer du Midi par application des dispositions du présent article, majorées des intérêts simples au taux de quatre pour cent (4 p. 100) l'an ;

2° Au remboursement des avances faites par la Compagnie des Chemins de fer du Midi par application de l'article 2 ci-dessus, majorées des intérêts simples au même taux.

Après le remboursement desdites avances ou dès le premier exercice, si les concessionnaires ne font pas appel à la garantie de la Compagnie des Chemins de fer du Midi, les excédents seront affectés à la constitution d'une réserve d'exploitation destinée à combler, s'il y a lieu, pour les exercices ultérieurs, les insuffisances d'exploitation de la ligne mentionnée au 2° de l'article 1er ci-dessus. Les versements à cette réserve cesseront lorsque son montant total atteindra deux mille francs (2.000 fr.) par kilomètre exploité de ladite ligne ; les excédents seront alors affectés à l'augmentation, jusqu'au taux de cinq pour cent (5 p. 100) l'an, de l'intérêt à servir au capital-actions par application de l'article 2 ci-dessus.

Dès que ce taux de cinq pour cent (5 p. 100) sera dépassé, le surplus desdits excédents sera partagé par moitié entre la Compagnie des Chemins de fer du Midi et les concessionnaires.

Art. 4

Les projets de construction des lignes et, s'il y a lieu, des usines ainsi que des stations de transformation et des lignes de transport d'énergie, les marchés à passer pour la fourniture de matériel fixe et du matériel roulant et aussi les projets des travaux complémentaires seront soumis, avant leur approbation par l'autorité compétente, à l'acceptation de la Compagnie des Chemins de fer du Midi qui se réserve de plus le droit de contrôler la bonne exécution de ces travaux et fournitures, ainsi que les comptes des dépenses.

En ce qui concerne les usines génératrices et les lignes de transport d'énergie, il est spécifié qu'elles ne devront comporter que les installations nécessaires pour le service de la ligne de Castres à Toulouse avec embranchement sur Revel.

Si la vente des excédents d'énergie que laisseront cependant disponibles les besoins susvisés exigeait l'établissement d'installations spéciales, celles-ci seraient à la charge exclusive des tiers intéressés.

Art. 5

La Compagnie des Chemins de fer du Midi recevra dans ses gares de Toulouse et de Revel, si les concessionnaires le demandent, la ligne dénommée au 1° de l'article 1er de la présente Convention. Elle prendra en outre les mesures propres à faciliter l'échange du trafic avec son réseau à Castres.

Les modifications et, s'il y a lieu, les agrandissements à faire subir à cet effet auxdites gares, ainsi que les aménagements particuliers à y effectuer, après accord préalable entre la Compagnie du Midi et les concessionnaires et conformément à l'approbation du Ministre des Travaux publics, seront à la charge exclusive desdits concessionnaires.

Pour les travaux exécutés à leurs frais par la Compagnie du Midi, les dépenses réellement faites seront majorées de quinze pour cent (15 p. 100) pour frais généraux et surveillance.

Art. 6

Pour tenir compte à la Compagnie du Midi du trafic qui lui revient légitimement entre les localités de Castres, Toulouse et Revel, déjà reliées par ses rails, il est expressément convenu ce qui suit :

MM. Giros et Loucheur abandonneront à la Compagnie du Midi vingt pour cent de la recette, impôts déduits, sur les voyageurs et les bagages ayant effectué sur leur ligne le trajet de Castres à Toulouse ou vice versa.

Les autres transports en grande vitesse et tous les transports en petite vitesse entre deux quelconques des localités de Castres, Toulouse et Revel appartiendront à la Compagnie du Midi, qui acheminera ces transports par ses propres rails en leur appliquant si elle est plus économique, la taxe correspondant à l'emprunt des lignes aisant l'objet de la présente Convention.

Au cas où, pour une raison quelconque, et nonobstant la stipulation de l'alinéa qui précède, certains transports, en grande ou en petite vitesse, seraient effectivement acheminés entre deux des localités susvisées par les lignes d'intérêt local de Castres à Toulouse ou de Castres à Revel, les concessionnaires reverseront à la Compagnie du Midi soixante pour cent (60 p. 100) de la recette desdits transports, déduction faite des frais accessoires correspondant aux services effectivement rendus par eux. La Compagnie du Midi et MM. Giros et Loucheur se concerteront, s'il y a lieu, pour déterminer les cas où la clause ci-dessus recevra normalement son application.

Il est entendu que les dispositions du présent article concernent tous les transports (voyageurs, bagages, grande et petite vitesse) ayant leur origine et leur terminaison dans le périmètre des communes de Castres, Toulouse et Revel, même si les lignes d'intérêt local comprennent plusieurs stations, haltes ou arrêts, dans les limites de ce périmètre. Il est également précisé qu'elles sont applicables au transport en provenance ou à destination des au delà des susdites localités, aussi bien que de ces localités elles-mêmes, quelle qu'ait été jusque-là ou quelle que doive être ensuite la voie d'acheminement de ces transports.

MM. Giros et Loucheur donneront à la Compagnie du Midi les facilités nécessaires pour que celle-ci soit à même de contrôler l'exécution des conditions stipulées au présent article.

Art. 7

Aucune modification aux tarifs appliqués sur les lignes faisant l'objet de la présente Convention ne pourra être proposée à l'autorité compétente qu'avec l'autorisation de la Compagnie des Chemins de fer du Midi.

Les concessionnaires devront, en outre, se conformer aux indications que la Compagnie des Chemins de fer du Midi pourra leur donner au sujet des modifications qu'elle voudrait voir apporter auxdits tarifs.

Art. 8

Les concessionnaires ne pourront confier à un tiers l'exploitation de tout ou partie des lignes faisant l'objet de la présente Convention, ni inversement, se charger de l'exploitation de lignes concédées à un tiers sans l'autorisation de la Compagnie du Midi.

Art. 9

Avant de proposer à l'agrément de l'Administration la Société Anonyme que les Conventions les obligent à se substituer dans le délai de six mois à compter de la déclaration d'utilité publique, les concessionnaires devront soumettre à l'acceptation de la Compagnie des Chemins de fer du Midi les statuts de cette Société.

ART. 10

La présente Convention ne deviendra définitive qu'autant qu'elle aura été approuvée par une loi avant le 1er janvier 1916 et par l'Assemblée Générale des Actionnaires de la Compagnie des Chemins de fer du Midi dans le délai d'une année après la promulgation de ladite loi.

Elle expirera le 31 décembre 1960, en même temps que la concession de la Compagnie des Chemins de fer du Midi.

ART. 11

Les frais de timbre et d'enregistrement de la présente Convention seront supportés par les concessionnaires.

Fait à Paris, les jour, mois et an que dessus.

Lu et approuvé :
Signé : TEISSIER.

Lu et approuvé :
Signé : GIROS et LOUCHEUR.

CONVENTION [1]

entre le Ministre des Travaux Publics et la Compagnie des Chemins de fer du Midi relative à la garantie d'intérêt accordée par cette Compagnie à diverses voies ferrées d'intérêt local à établir dans les départements du Tarn et de la Haute-Garonne.

L'an mil neuf cent quatorze et le vingt-cinq juin,

Entre le Ministre des Travaux Publics, agissant au nom de l'Etat et sous la réserve de l'approbation des présentes par une loi,

D'une part,

Et la Société Anonyme établie à Paris, sous la dénomination de Compagnie des Chemins de fer du Midi, représentée par M. Georges Teissier, Président du Conseil d'Administration, élisant domicile au siège de ladite Société, boulevard Haussmann, nº 54, à Paris, et agissant en vertu des pouvoirs qui lui ont été conférés par délibération du Conseil d'Administration en date du 19 juin 1914 et sous la réserve de l'approbation des présentes par l'Assemblée générale des Actionnaires dans le délai d'une année après la promulgation de la loi ci-dessus visée.

D'autre part,

Il a été exposé ce qui suit :

La Compagnie des Chemins de fer du Midi, désireuse de se prêter à l'établissement d'une voie ferrée d'intérêt local à traction électrique de Castres à Toulouse, avec embranchement sur Revel, s'est sous réserve de l'approbation des pouvoirs publics, engagée par une Convention du 25 juin 1914, passée avec MM. Giros et Loucheur, concessionnaires de ladite ligne, à accorder une garantie d'intérêt non seulement à celle-ci, mais aussi à la ligne à vapeur de Cadalen à Larroque avec embranchement sur Vaour, dont la concession est le complément nécessaire, en ce qui concerne le département du Tarn, de la concession de la ligne électrique susvisée.

Cet engagement a pour objet de garantir, aux conditions stipulées dans ladite Convention pour chacune des lignes susdénommées et, le cas échéant, pour les usines génératrices d'énergie électrique destinées à alimenter la première, ainsi que pour les stations de transformation et les lignes de transport d'énergie électrique, les insuf-

---

(1) Convention annulée et remplacée par la Convention du 31 Janvier 1923 (Voir loi du 30 Mars 1923, article 4, page 129.)

fisances d'exploitation, s'il y a lieu, l'intérêt, et, s'il y a lieu, l'amortissement, au taux de quatre francs vingt-cinq pour cent (4,25 p. 100) l'an, du capital-actions engagé par les concessionnaires, ainsi que les charges effectives (intérêts, amortissement et frais accessoires) des emprunts qu'ils pourraient contracter, après due autorisation, sans que le montant cumulé dudit capital-actions et desdits emprunts puisse excéder le chiffre de cinq millions trois cent mille francs (5.300.000 fr.) pour la ligne de Castres à Toulouse avec embranchement sur Revel, et de deux cent mille francs (200.000 fr.) pour la ligne de Cadalen à Larroque avec embranchement sur Vaour.

En retour, et par la même Convention, MM. Giros et Loucheur se sont engagés à rembourser à la Compagnie du Midi, sur les excédents de recettes définis aux articles 2 et 3 de la susdite Convention, les avances, augmentées des intérêts à quatre pour cent (4 p. 100) l'an, qu'elle leur aura faite, d'une part pour la ligne de Castres à Toulouse avec embranchement sur Revel, d'autre part pour la ligne de Cadalen à Larroque avec embranchement sur Vaour et de partager ensuite avec elles, dans les conditions prévues auxdits articles, les bénéfices éventuels de l'exploitation.

Cela étant, il a été convenu ce qui suit :

Article Premier

Les sommes payées chaque année à titre de garantie, par la Compagnie des Chemins de fer du Midi à MM. Giros et Loucheur, pour les lignes faisant l'objet de la présente Convention, seront prélevées sur les douze millions cinq cent mille francs (12 millions 500.000 fr.) mentionnés au paragraphe 2 de l'article 13 de la Convention du 9 juin 1883 approuvée par la loi du 20 novembre suivant. Toutefois pour la ligne de Castres à Toulouse avec embranchement sur Revel, ce prélèvement n'aura lieu que jusqu'à la clôture du compte spécial institué par l'article 2 ci-après.

Art. 2

Il sera ouvert par la Compagnie des Chemins de fer du Midi un compte spécial au débit duquel seront portées les sommes payées par elle chaque année à titre de garantie, pour la ligne de Castres à Toulouse avec embranchement sur Revel.

Ce compte spécial sera crédité, à la fin de chaque exercice, savoir :

1° De l'augmentation des recettes effectuées sur le réseau du Midi, par suite des apports de trafic provenant de ladite ligne ;

2° Des versements effectués par les concessionnaires à la Compagnie du Midi, en compensation du trafic détourné par cette ligne, par application de l'article 6 de la Convention du 25 juin 1914;

Et 3° des sommes qui, avant la clôture dudit compte, seraient remboursées à la Compagnie des Chemins de fer du Midi par application des articles 2 et 3 de ladite Convention, sur le montant des avances de garantie déjà faites par elle pour cette même ligne.

Le calcul de l'augmentation de recettes provenant des apports de trafic se fera, pour chaque section de ligne ou pour chaque exercice, en déduisant du montant des recettes (expéditions et arrivages) effectuées pendant l'exercice considéré, par celles des gares du réseau du Midi (Castres, Toulouse, Revel, etc.) où arrivera le trafic de ladite section, la moyenne, une fois calculée, des recettes des trois exercices qui auront précédé la mise en exploitation de cette section.

Les dépenses et les recettes de ce compte spécial seront majorées de leurs intérêts à trois francs cinquante pour cent (3,50 p. 100) l'an.

ART. 3

Pendant l'exploitation partielle de la ligne de Castres à Toulouse avec embranchement sur Revel, la Compagnie des Chemins de fer du Midi aura la faculté de porter en recette à son réseau les soldes créditeurs du compte spécial institué par l'article 2 ci-dessus. Lorsque après la mise en exploitation de l'ensemble de ladite ligne, ce compte spécial sera resté créditeur pendant cinq années consécutives, ce compte sera définitivement clos. Après cette clôture, la Compagnie des Chemins de fer du Midi portera, à son compte annuel d'exploitation, les dépenses résultant pour elle de l'article 2 de la convention du 25 juin 1914 avec MM. Giros et Loucheur, et confondra dans l'ensemble des recettes de son réseau le solde créditeur du compte, les augmentations de recettes et les versements des concessionnaires visés à l'article 2 ci-dessus, ainsi que les remboursements qui seront effectués par ces concessionnaires sur le montant des avances de garantie faites au titre de ladite ligne et, enfin la part qui reviendra à la Compagnie du Midi dans les bénéfices de cette ligne.

ART. 4

La Compagnie des Chemins de fer du Midi est autorisée à percevoir, le cas échéant, pour les transports visés par le troisième alinéa de l'article 6 de la Convention intervenue à la date du 25 juin 1914, entre elle et MM. Giros et Loucheur, les taxes qui seraient applicables, si les transports devaient être normalement acheminés par les lignes à voie étroite faisant l'objet de la présente Convention.

ART. 5

La Compagnie des Chemins de fer du Midi, avant de donner son adhésion aux projets des usines génératrices et des lignes de transport d'énergie, conformément à l'article 4 de la Convention qu'elle a passée le 25 juin 1914 avec MM. Giros et Loucheur, devra soumettre ces projets à l'approbation du Ministre des Travaux Publics.

ART. 6

Si l'État venait à racheter le réseau des Chemins de fer du Midi, il prendrait à sa charge, au lieu et place de la Compagnie des Chemins de fer du Midi, l'exécution de la présente Convention, ainsi que de la convention passée le 25 juin 1914, entre ladite Compagnie et MM. Giros et Loucheur, pour tout ce qui concerne la ligne de Castres à Toulouse avec embranchement sur Revel.

ART. 7

L'enregistrement de la présente Convention, ainsi que celle passée le 25 juin 1914, entre la Compagnie des Chemins de fer du Midi et MM. Giros et Loucheur, ne donnera lieu qu'à la perception du droit fixe de trois francs (3 fr.).

Fait double à Paris, les jour, mois et an que dessus.

Lu et approuvé :	Lu et approuvé :
Signé : RENÉ RENOULT.	*Signé :* G. TEISSIER.

LOI

du 25 Septembre 1918

ayant pour objet d'approuver la cession, à la Société des Voies Ferrées des Landes, des lignes concédées à la Société des Chemins de fer d'intérêt local de Soustons à Léon et l'octroi de la garantie de la Compagnie des Chemins de fer du Midi à la première de ces sociétés.

(*Journal officiel du* 1er *octobre* 1918.)

Le Sénat et la Chambre des Députés ont adopté,

Le Président de la République promulgue la loi dont la teneur suit :

ARTICLE PREMIER.

Sont approuvés :

1° Le traité passé, les 4-5 juillet 1916, entre le Préfet des Landes, au nom du département, la Société des Chemins de fer d'intérêt local du département des Landes, et la Société des Voies Ferrées des Landes, antérieurement dénommée Société des Chemins de fer du Born et du Marensin, pour la cession, par la première société à la seconde, des lignes de chemins de fer d'intérêt local de :

Pissos à Parentis ;

Sabres à Mimizan ;

Morcenx à Mézos et embranchement de Sindères à Uza ;

Tartas à Linxe ;

Saint-Vincent-de-Tyrosse à Soustons ;

Parentis à Biscarosse ;

Pissos à Moustey.

déclarées d'utilité publique par les lois des 22 juillet 1882, 20 juillet 1901 et 19 juillet 1904 ;

2° Le traité passé, les 4-5, juillet 1916 entre le Préfet des Landes, au nom du département, la Société du Chemin de fer d'intérêt local de Soustons à Léon et la Société des Voies Ferrées des Landes, anciennement dénommée Société des Chemins de fer du Born et du Marensin, pour la cession, par la première société à la seconde, de la ligne de Chemin de fer de :

Soustons à Léon ;
déclarée d'utilité publique par la loi du 12 juillet 1901.

Une copie certifiée conforme de ces deux traités restera annexée à la présente loi ;

3° La Convention passée, le 31 juillet 1916, entre la Compagnie des Chemins de fer du Midi et la Société des Voies Ferrées des Landes, relativement à la garantie d'intérêt accordée par la Compagnie du Midi à l'ensemble des lignes sus-visées, cédées à la Société des Voies Ferrées des Landes, et des lignes déclarées d'utilité publique par le décret du 22 avril 1880 et les lois des 31 décembre 1906, 4 janvier et 6 juillet 1909 et concédées à la Société des Chemins de fer du Born et du Marensin actuellement dénommée Société des Voies Ferrées des Landes ;

4° La Convention passée, le 19 janvier 1918, entre le Ministre des Travaux Publics et des Transports, au nom de l'État et la Compagnie des Chemins de fer du Midi, au sujet de la garantie d'intérêt de cette Compagnie à la Société des Voies Ferrées des Landes.

Ces deux dernières Conventions resteront annexées à la présente loi.

Art. 2.

Il est interdit à la Société des Voies Ferrées des Landes, sous peine de déchéance, d'engager son capital, directement ou indirectement, dans une entreprise autre que la construction et l'exploitation des voies ferrées d'intérêt local dont elle est concessionnaire, sans y avoir été préalablement autorisée par décret délibéré en Conseil d'État.

La présente loi, délibérée et adoptée par le Sénat et par la Chambre des Députés sera exécutée comme loi de l'État.

Fait à Paris, le 25 septembre 1918.

R. POINCARÉ.

Par le Président de la République :

Le Ministre des Travaux Publics et des Transports,
A. CLAVEILLE.

Le Ministre des Finances,
L.-L. KLOTZ.

CONVENTION (1)

Entre la Compagnie des Chemins de fer du Midi et la Société des Voies Ferrées des Landes relative à la cession à ladite Société des lignes accordées à la Société des Chemins de fer d'intérêt local des Landes et à la Société des Chemins de fer de Souston à Léon.

Entre la Compagnie des Chemins de fer du Midi, Société Anonyme établie à Paris, représentée par M. Georges Tessier, Président du Conseil d'Administration, élisant domicile au siège de ladite Société, à Paris, 54, boulevard Haussmann, et agissant en vertu des pouvoirs qui lui ont été conférés par délibération du Conseil d'Administration en date du 25 février 1916,

D'une part,

Et la Société des Voies Ferrées des Landes, Société Anonyme établie a Paris, représentée par M. Paul, Président du Conseil d'Administration, élisant domicile au siège de ladite société, à Paris, 54, boulevard Haussmann, et agissant en vertu des pouvoirs qui lui ont été conférés par délibération du Conseil d'Administration en date du 27 janvier 1916,

D'autre part,

A été préalablement aux Conventions qui font l'objet des présentes, exposé ce qui suit :

La Société des Chemins de fer d'intérêt local du département des Landes est concessionnaire, dans le département des Landes, des lignes d'intérêt local de :

Pissos à Parentis, par Ychoux ;

Sabres à Mimizan, par Labouheyre ;

Morcenx à Mézos, par Sindères ;

Sindères à Uza ;

Tartas à Linxe, par Laluque ;

Saint-Vincent-de-Tyrosse à Soustons ;

Parentis à Biscarrosse ;

Pissos à Moustey,

auxquelles la Compagnie des Chemins de fer du Midi a accordé sa garantie d'intérêt par un traité passé les 6-10 avril 1877 entre la Compagnie du Midi et MM. Codur et Gemähling et modifié par avenants des 3 avril 1878, 13 décembre 1878, 26 avril 1879, 29 juillet 1881, 28 février 1882 et 3 mars 1885, et par deux Conventions intervenues entre la Compagnie du Midi et la Société des Chemins de fer des Landes les 19 avril 1900 et 29 janvier 1904 lesdites Conventions approuvées par les lois des 7 août 1885, 20 juillet 1901 et 19 juillet 1904.

---

(1) Convention approuvée par l'Assemblée générale extraordinaire du 10 décembre 1918. (Voir note, page 85.)

La Société du Chemin de Fer d'intérêt local de Soustons à Léon est concessionnaire, dans le département des Landes, de la ligne d'intérêt local de Soustons à Léon, à laquelle la Compagnie des Chemins de Fer du Midi a accordé sa garantie d'intérêt par une Convention intervenue le 15 mai 1901 entre la Compagnie du Midi et M. Georges Arné, ladite Convention approuvée par la loi du 12 juillet 1901.

Par deux traités en date des 4-5 juillet 1916, la Société des Chemins de fer des Landes et la Société du Chemin de fer de Soustons à Léon ont cédé respectivement, avec l'autorisation du département des Landes, et sous réserve de l'approbation des pouvoirs publics et de la Compagnie des Chemins de fer du Midi, la concession des lignes ci-dessus énumérées à la Société des Voies Ferrées des Landes, moyennant l'attribution par celle-ci de 37.300 obligations 5 % de 225 francs et d'une somme en espèces de 6.750 francs à la société des Chemins de fer des Landes et de 7.600 obligations de 3,50 % de 100 francs à la Société du Chemin de fer de Soustons à Léon, avec la faculté pour celle-ci de substituer des obligations 5 % de 225 francs à raison d'une obligation de ce dernier type pour trois du premier.

Il a été stipulé que, par cette cession, la Société des Voies Ferrées des Landes prendrait à sa charge le passif de la Société des Chemins de fer des Landes et de la Société de Soustons à Léon, notamment les sommes dues en principal et intérêts par ces sociétés à la Compagnie des Chemins de fer du Midi, du fait de la garantie d'intérêt qui leur a été accordée par celle-ci.

La Société des Voies Ferrées des Landes, déjà concessionnaire dans le département des Landes de diverses lignes d'intérêt local auxquelles la Compagnie des Chemins de fer du Midi a accordé sa garantie d'intérêt, ne peut, conformément à l'article 2 de ses statuts, entreprendre l'exploitation des lignes ci-dessus énumérées qu'avec l'assentiment de la Compagnie des Chemins de fer du Midi.

La Compagnie des Chemins de fer du Midi, reconnaissant l'intérêt que présenterait la réunion entre les mains d'une société unique des différents réseaux de chemins de fer d'intérêt local des Landes auxquels elle a accordé sa garantie et étant désireuse de faciliter cette opération,

Il a été convenu et arrêté ce qui suit :

Article premier

La Compagnie des Chemins de fer du Midi autorise la Société des Voies Ferrées des Landes à se rendre acquéreur, dans les conditions fixées par les traités des 4-5 juillet 1916, des lignes ci-dessus énumérées, et à réaliser pour cette acquisition l'émission des obligations nécessaires.

Art. 2.

Les conditions mises par la Compagnie des Chemins de fer du Midi à l'octroi de sa garantie d'intérêt aux lignes concédées à la Société des Voies Ferrées des Landes seront étendues aux lignes faisant l'objet de la présente Convention, et les dispositions suivantes seront appliquées à l'ensemble des lignes de ladite société.

En cas d'insuffisance des recettes de l'ensemble desdites lignes, déduction faite des impôts sur les transports, et, s'il y a lieu, de la part desdites recettes attribuées au département des Landes par les Conventions de concession ou les traités des 4-5 juillet 1916, mais y compris les annuités qui auront été payées par ce département aux concessionnaires en exécution de ces mêmes conventions, pour faire face aux dépenses et charges suivantes :

1° Dépenses d'exploitation et d'entretien de toute nature, y compris les frais d'administration, les impôts, les loyers, et, s'il y a lieu, les frais d'exploitation payés à la Compagnie du Midi pour les gares de jonction avec son réseau, les frais de contrôle, les dépenses relatives aux accidents de toute nature, pertes, avaries, retards, incendies, etc., les allocations pour retraites, institutions de prévoyance et secours, lesdites dépenses contrôlées et arrêtées par la Compagnie des Chemins de fer du Midi ;

2° Charges d'intérêt et d'amortissement au taux de 4 % l'an du capital-actions, montant à 3.500.000 francs engagé par la Société des Voies Ferrées des Landes dans l'établissement des lignes dont elle est concessionnaire, la fourniture de leur matériel roulant et de leur outillage ;

3° Charges effectives (intérêts, amortissements et frais accessoires, des emprunts émis ou à émettre par la Société des Voies Ferrées des Landes) pour payer, avec le capital-actions susvisé, les travaux d'établissement de ses lignes, de leur matériel roulant et de leur outillage, les travaux complémentaires de toute nature sur lesdites lignes et celles faisant l'objet des deux traités ci-dessus visés, ainsi que de l'emprunt prévu à l'article précédent sans que le montant total du capital-actions et des emprunts puisse dépasser le chiffre de 15 millions de francs; la Compagnie du Midi payera la différence à titre d'avances.

Si, au contraire, les recettes, déduction faite des impôts sur les transports, et, s'il y a lieu, de la part desdites recettes attribuées au département, mais y compris les annuités qui auront été payées par le département à la Société des Voies Ferrées des Landes, en exécution des Conventions de concession, sont supérieures au montant cumulé des dépenses et charges sus-définies, l'excédent sera affecté au remboursement des avances faites par la Compagnie des Chemins de fer du Midi, majorées des intérêts simples au taux de 3,75 %.

Après le remboursement desdites avances, les excédents seront affectés, s'il y a lieu, à l'augmentation jusqu'au taux de 5 % l'an de l'intérêt à servir au capital-actions et, dès que ce taux de 5 % sera dépassé, le surplus desdits excédents sera partagé entre la Compagnie des Chemins de fer du Midi et la Société des Voies Ferrées des Landes dans la proportion des deux tiers à la Compagnie des Chemins de fer du Midi et du tiers à la Société des Voies Ferrées des Landes.

La Société des Voies Ferrées des Landes se réserve de rembourser par anticipation à toute époque à la Compagnie des Chemins de fer du Midi tout ou partie de sa dette ; elle pourra, pour effectuer ce remboursement, émettre, aux conditions définies par les articles 28 et 29 de la loi du 31 juillet 1913, un emprunt en obligations jusqu'à concurrence du montant de la somme à rembourser. Les charges effectives de cet emprunt seront ajoutées à celles qui sont énumérées au 3° ci-dessus, et le montant en capital de ce même emprunt sera ajouté au maximum de 15 millions de francs également indiqué ci-dessus.

L'amortissement du capital-actions ne pourra commencer que postérieurement à l'exercice 1927, à moins que la Société des Voies Ferrées des Landes n'ait, avant cette époque, totalement remboursé à la Compagnie des Chemins de fer du Midi sa dette du chef de la garantie, ainsi que la dette de la Société des Chemins de fer des Landes et de Soustons à Léon prise en charge par elle, ainsi qu'il a été dit ci-dessus. Dans ce dernier cas, l'amortissement commencera de droit deux ans après ce remboursement.

Art. 3.

Sont annulées, en ce qu'elles ont de contraire à la présente Convention, les dispositions du traité des 6-10 avril 1877 entre la Compagnie du Midi et MM. Codur et Gmähling, des articles 2 et 3 de la Convention du 19 avril 1900 et des articles

2 et 3 de la Convention du 29 janvier 1904 entre la Compagnie du Midi et la Société des Chemins de fer des Landes, de la Convention du 15 mai 1901 entre la Compagnie du Midi et M. Georges Arné, de l'article 1er de la Convention du 28 décembre 1905 entre la Compagnie du Midi et MM. Ortal, ses fils et A. Lagueyte.

Art. 4.

La présente Convention ne deviendra définitive que lorsqu'elle aura été approuvée par une loi ainsi que par l'Assemblée générale des Actionnaires de la Compagnie des Chemins de fer du Midi et par celle de la Société des Voies Ferrées des Landes.

Elle expirera le 31 décembre 1960, en même temps que la concession des chemins de fer du Midi.

Art. 5.

Les frais d'enregistrement de la présente Convention seront supportés par la Société des Voies Ferrées des Landes.

Fait en double exemplaire, à Paris, le 31 juillet 1916.

Lu et approuvé :
Signé : PAUL.

Lu et approuvé :
Signé : G. TEISSIER.

CONVENTION [(1)]

Entre le Ministre des Travaux Publics et la Compagnie des Chemins de fer du Midi relative à l'extension de la garantie d'intérêts accordée par cette Compagnie à la Société des Voies Ferrées des Landes.

L'an mil neuf cent dix-huit et le dix-neuf janvier.

Entre le Ministre des Travaux Publics et des Transports agissant au nom de l'État et sous réserve de l'approbation des présentes par une loi,

D'une part,

Et la Compagnie des Chemins de fer du Midi, Société Anonyme établie à Paris, représentée par M. Georges Teissier, Président du Conseil d'Administration, élisant domicile au siège de ladite Société, à Paris, 54, boulevard Haussmann, et agissant en vertu des pouvoirs qui lui ont été conférés par délibération du Conseil d'Administration en date du 25 février 1916, et sous la réserve de l'approbation des présentes par l'Assemblée générale des Actionnaires,

D'autre part,

Il a été exposé ce qui suit :

La Compagnie des Chemins de fer du Midi a été autorisée :

1° Par les lois du 7 août 1885, du 20 juillet 1901 et du 19 juillet 1904 à accorder sa garantie d'intérêt dans les conditions fixées par les Conventions des 23 mai 1885, 29 juin 1901 et 25 avril 1904 aux lignes d'intérêt local de Pissos à Parentis par Ychoux, de Sabres à Mimizan par Labouheyre, de Morcenx à Mézos par Sindères, de Sindères à Uza, de Tartas à Linxe par Laluque, de Saint-Vincent-de-Tyrosse à Soustons, de Parentis à Biscarrosse et de Pissos à Moustey, dont la Société anonyme des Chemins de fer d'intérêt local du département des Landes est concessionnaire dans le département des Landes.

2° Par la loi du 12 juillet 1901 à accorder sa garantie d'intérêt dans les conditions fixées par la Convention du 24 mai 1901 à la ligne d'intérêt local de Soustons à Léon dont la Société du Chemin de fer d'intérêt local de Soustons à Léon est concessionnaire dans le département des Landes.

3° Par les lois du 31 décembre 1906, du 4 janvier 1909 et du 1er décembre 1911, à accorder sa garantie d'intérêt dans les conditions fixées par les Conventions des 14 juin 1906, 9 décembre 1908 et 7 juillet 1911 aux lignes de Mézos à Saint-Julien, d'Uza à Lit-et-Mixe, de Mimizan-Bourg à Mimizan-les-Bains, de Linxe à Saint-Girons, de Biscarosse à Mimizan-les-Bains et à Biscarrosse-Plage, de Labouheyre à Bias, de Dax à Azur, de Labenne à Seignosse et de Margaux à Castelnau et à Sainte-

---

(1) Convention approuvée par l'Assemblée générale extraordinaire du 10 décembre 1918. (Voir note page 85.)

Hélène, dont la Société Anonyme des Voies Ferrées des Landes est concessionnaire dans les départements des Landes et de la Gironde.

La Compagnie des Chemins de fer du Midi, reconnaissant l'intérêt que présenterait la réunion entre les mains d'une Société unique des différents réseaux d'intérêt local ci-dessus énumérés a, sous réserve de l'approbation des pouvoirs publics, autorisé la Société des Voies Ferrées des Landes à acquérir les lignes faisant l'objet des 1° et 2° ci-dessus, conformément aux dispositions des deux traités intervenus à la date des 4-5 juillet 1916 :

1° Entre le département des Landes, la Société des Chemins de fer des Landes et la Société des Voies Ferrées des Landes; 2° entre le département des Landes, la Société du Chemin de fer de Soustons à Léon et la Société des Voies Ferrées des Landes, et s'est engagée, par une Convention du 31 juillet 1916, à maintenir à la Société des Voies Ferrées des Landes, pour l'établissement et l'exploitation de ces lignes, le bénéfice de sa garantie d'intérêt aux conditions fixées par ladite Convention.

Cela étant, il a été convenu ce qui suit :

Il est pris acte :

Article premier

1° Des deux traités intervenus les 4-5 juillet 1916 entre le département des Landes, la Société des Chemins de fer des Landes et la Société des Voies Ferrées des Landes ; entre le département des Landes, la Société du Chemin de fer de Soustons à Léon et la Société des Voies Ferrées des Landes, portant cession à la Société des Voies Ferrées des Landes des lignes faisant l'objet des Conventions des 23 mai 1885, 29 juin 1901, 25 avril 1904, 24 mai 1901 ;

2° De la Convention intervenue le 31 juillet 1916 entre la Compagnie des Chemins de fer du Midi et la Société des Voies Ferrées des Landes, réglant les conditions de la garantie d'intérêt accordée par la Compagnie du Midi auxdites lignes.

Art. 2.

Sont maintenues les dispositions des Conventions des 23 mai 1885 et 29 juin 1901, 25 avril 1904, 24 mai 1901, 14 juin 1906, 9 décembre 1908, 7 juillet 1911, étant entendu que le maximum du capital garanti pour l'ensemble des lignes visées dans ces Conventions est porté à 15.000.000 de francs et pourra être, en outre, augmenté dans le cas prévu à l'avant-dernier alinéa de l'article 2 de la Convention du 31 juillet 1916 entre la Compagnie du Midi et la Société des Voies Ferrées des Landes, du montant de l'emprunt en obligations prévu par cet alinéa.

Art. 3.

L'enregistrement de la présente Convention ainsi que les traités et Conventions visés à l'article premier ci-dessus ne donnera lieu qu'à la perception du droit fixe de trois francs.

Fait, en double exemplaire, à Paris, les jour, mois et an que dessus.

Lu et approuvé :	Lu et approuvé :
Signé : G. TEISSIER.	*Signé :* A. CLAVEILLE.

NOTE

Les deux Conventions ci-dessus ont été approuvées par l'Assemblée générale extraordinaire du 10 décembre 1918, comme suit :

L'Assemblée générale consultée :

1° *Approuve la Convention intervenue le 31 juillet 1916 entre la Société des Voies Ferrées des Landes et la Compagnie des Chemins de fer du Midi.*

2° *Approuve la Convention intervenue le 19 janvier 1918 entre le Ministre des Travaux Publics et des Transports et la Compagnie des Chemins de fer du Midi.*

Lesdites Conventions ratifiées par une loi du 25 septembre 1918.

3° *Donne tous pouvoirs au Conseil d'Administration pour assurer l'exécution de ces deux Conventions.*

LOI

du 4 Janvier 1920

autorisant l'augmentation du capital garanti par la Compagnie des Chemins de fer du Midi à la Société des Voies Ferrées Départementales du Midi.

(Journal Officiel du 6 janvier 1920.)

Le Sénat et la Chambre des Députés ont adopté,

Le Président de la République promulgue la loi dont la teneur suit :

ARTICLE UNIQUE

Sont approuvés :

1° L'avenant passé le 22 mars 1919, entre la Compagnie des Chemins de fer du Midi, et la Société des Voies Ferrées départementales du Midi, portant de 16.500.000 francs à dix-neuf millions cinq cent mille francs (19.500.000 fr.) le montant maximum du capital garanti par la première à la seconde en vertu de leur Convention du 25 juin 1912, approuvée par la loi du 13 juillet 1912,

2° L'avenant à la Convention du 27 juin 1912 approuvée par ladite loi, passé le 22 mars 1919 entre le Ministre des Travaux Publics, des Transports et de la Marine Marchande, au nom de l'État, et la Compagnie des Chemins de fer du Midi, en vue du même objet.

Ces avenants resteront annexés à la présente loi.

La présente loi, délibérée et adoptée par le Sénat et par la Chambre des Députés, sera exécutée comme loi de l'État.

Fait à Paris, le 4 janvier 1920. R. POINCARÉ.

Par le Président de la République :

Le Ministre des Travaux Publics, des Transports et de la Marine Marchande,
A. CLAVEILLE.

Le Ministre des Finances,
L.-L. KLOTZ.

AVENANT [1]

à la Convention du 25 juin 1912 relative à la garantie d'intérêt de diverses Lignes d'intérêt local et de Tramways dans les départements des Basses-Pyrénées et des Landes.

L'an mil neuf cent dix-heuf et le vingt-deux mars,

Entre la Société Anonyme établie à Paris, sous la dénomination de Compagnie des Chemins de fer du Midi, représentée par M. Teissier, Président du Conseil d'Administration, élisant domicile au siège de ladite Société, boulevard Haussmann, n° 54, à Paris, agissant en vertu des pouvoirs qui lui ont été conférés par délibération du Conseil d'Administration, en date du 21 mars 1919,

D'une part,

Et la Société Anonyme des Voies Ferrées départementales du Midi, représentée par M. Paul, vice-président du Conseil d'Administration, élisant domicile au siège de ladite Société, agissant en vertu des pouvoirs qui lui ont été conférés par délibération du Conseil d'Administration en date du 21 mars 1919,

D'autre part,

Il a été exposé ce qui suit :

Par une Convention en date du 25 juin 1912, intervenue entre la Compagnie des Chemins de fer du Midi et MM. Ader, Giros et Loucheur, agissant comme concessionnaires de diverses lignes d'intérêt local et de tramways dans les départements des Basses-Pyrénées et des Landes, la Compagnie des Chemins de fer du Midi a accordé sa garantie d'intérêt auxdites lignes, savoir :

1° Saint-Jean-de-Luz à Peyrehorade avec embranchement d'Ascain à Sare ;

2° Saint-Palais à Saint-Jean-Pied-de-Port avec embranchement de Saint-Jean-le-Vieux à Mendives ;

3° Chemin de fer à crémaillère de la Rhune ;

4° Bayonne à Hendaye par la Barre et Biarritz.

---

(1) Avenant approuvé par l'Assemblée générale extraordinaire du 23 avril 1920. (Voir note page 90.)

Cette garantie s'étendait en outre à l'usine hydro-électrique de Licq-Atherey, destinée à alimenter les lignes précitées ainsi qu'aux lignes de transport de l'énergie électrique.

Un décret du 2 juillet 1914 a approuvé ultérieurement la substitution à MM. Ader, Giros et Loucheur d'une Société Anonyme constituée sous le dénomination de Société des Voies Ferrées Départementales du Midi.

Cette Société ayant demandé à la Compagnie du Midi de porter à 19.500.000 fr. le maximum de capital garanti fixé à 16.500.000 fr. par la Convention du 25 juin 1922 précitée, la Compagnie du Midi a consenti à élever à ce chiffre le maximum du capital garanti.

En conséquence, il a été convenu ce qui suit :

ARTICLE PREMIER

Le montant maximum du capital garanti fixé à seize millions cinq cent mille francs (16.500.000 fr.), par l'article 2 de la Convention intervenue le 25 juin 1912, entre la Compagnie des Chemins de fer du Midi et MM. Ader, Giros et Loucheur, est porté au chiffre de dix-neuf millions cinq cent mille francs (19.500.000 fr.).

ART. 2.

Le présent avenant ne deviendra définitif qu'autant qu'il aura été approuvé par une loi avant le 31 décembre 1919 et par l'Assemblée générale des Actionnaires de chacune des Sociétés contractantes dans le délai d'une année après la promulgation de ladite loi.

ARTICLE 3.

Les frais d'enregistrement du présent avenant seront à la charge de la Société Anonyme des Voies Ferrées Départementales du Midi.

Fait à Paris, le jour, mois et an que dessus.

Lu et approuvé :	Lu et approuvé :
Signé : PAUL.	*Signé :* TEISSIER.

AVENANT [1]

à la Convention du 27 juin 1912 entre le Ministre des Travaux Publics, des Postes et des Télégraphes et la Compagnies des Chemins de fer du Midi, relative à la garantie d'intérêt accordée par cette Compagnie à divers Chemins de fer d'intérêt local et de Tramways des Départements des Basses-Pyrénées et des Landes.

L'an mil neuf cent dix neuf et le vingt-deux mars.

Entre le Ministre des Travaux Publics, agissant au nom de l'État et sous réserve de l'approbation des présentes par une loi,

D'une part,

Et la Société Anonyme établie à Paris, sous la dénomination de Compagnie des Chemins de fer du Midi, représentée par M. Teissier, Président du Conseil d'Administration, élisant domicile au siège de ladite Société, Boulevard Haussmann, n° 54, à Paris, et agissant en vertu des pouvoirs qui lui ont été conférés par délibération du Conseil d'Administration en date du 7 mars 1919, et sous la réserve de l'approbation des présentes par l'Assemblée générale des Actionnaires, dans le délai d'une année après la promulgation de la loi ci-dessus visée,

D'autre part,

Il a été exposé ce qui suit :

Une Convention intervenue, le 27 juin 1912, entre le Ministre des Travaux Publics, des Postes et des Télégraphes, agissant au nom de l'État et la Compagnie des Chemins de fer du Midi, et approuvée par la loi du 13 juillet 1912, a approuvé les conditions de l'octroi par ladite Compagnie d'une garantie d'intérêt à diverses lignes d'intérêt local et des Tramways des Départements des Basses-Pyrénées et des Landes, concédées à MM. Ader, Giros et Loucheur, auxquels a été depuis régulièrement substituée la Société Anonyme des Voies Ferrées Départementales du Midi.

La Compagnie du Midi, par un Avenant du 22 mars 1919 à la Convention intervenue le 25 juin 1912 entre elle et MM. Ader, Giros et Loucheur, pour régler les conditions de l'octroi de la garantie d'intérêt, et approuvée par la loi du 13 juillet 1912 susvisée, a consenti à porter de 16.500.000 francs à 19.500.000 francs le maximum du capital garanti.

---

(1) Avenant approuvé par l'Assemblée générale extraordinaire du 23 avril 1920. (Voir note page 90.)

Cela étant il a été convenu ce qui suit :

ARTICLE PREMIER

Il est pris acte par le Ministre des Travaux Publics de l'Avenant du 22 mars 1919 à la Convention du 25 juin 1912, intervenu entre la Compagnie des Chemins de fer du Midi et la Société Anonyme des Voies Ferrées Départementales du Midi.

Les dispositions de la Convention du 27 juin 1912 resteront intégralement applicables aux lignes dont elle fait l'objet, étant entendu que le montant maximum du capital garanti est porté à dix-neuf millions cinq cent mille francs (19.500.000 francs).

ART. 2.

L'enregistrement du présent Avenant, ainsi que de l'Avenant passé le 22 mars 1919 entre la Compagnie des Chemins de fer du Midi et la Société Anonyme des Voies Ferrées Départementales du Midi ne donnera lieu qu'à la perception du droit fixe de 3 francs.

Fait à Paris, les jour, mois et an que dessus.

Lu et approuvé :
Signé : G. TEISSIER.

Le Ministre des Travaux Publics, des Transports, et de la Marine Marchande,
Signé : A. CLAVEILLE.

NOTE

Les deux Avenants ci-dessus ont été approuvés par l'Assemblée générale extraordinaire du 23 avril 1920, comme suit :

L'Assemblée générale consultée :

1° *Approuve l'Avenant à la Convention du* 25 *juin* 1912, *passé le* 22 *mars* 1919 *avec la Société des Voies Ferrées Départementales du Midi, pour porter de* 16.500.000 *fr. à* 19.500.000 *fr. le maximum du capital de cette Société garanti par la Compagnie du Midi.*

2° *L'Avenant à la Convention du* 27 *juin* 1912, *passé à la même date du* 22 *mars* 1919 *avec le Ministre des Travaux Publics, pour autoriser la Compagnie du Midi à relever le chiffre du capital garanti à la Société des Voies ferrées Départementales du Midi.*

3° *Donne tous pouvoirs au Conseil d'Administration pour assurer l'exécution de ces Avenants.*

LOI

du 17 Juillet 1921

approuvant une Convention passée avec la Compagnie des Chemins de fer du Midi.

(*Journal Officiel du* 20 *juillet* 1921.)

Le Sénat et la Chambre des Députés ont adopté,

Le Président de la République promulgue la loi dont la teneur suit :

ARTICLE PREMIER.

Est approuvée la Convention passée le 21 juin 1920 entre le Ministre des Travaux Publics et la Compagnie des Chemins de fer du Midi.

Un exemplaire de ladite Convention restera annexé à la présente loi.

Un exemplaire de la lettre de la Compagnie, du 30 janvier 1920, relative aux conditions d'établissement et d'exploitation des raccordements éventuels entre le chemin de fer et les voies navigables, restera également annexé à la présente loi.

ART. 2.

L'enregistrement de ladite Convention ne donnera lieu qu'à la perception du droit fixe de trois francs (3 fr.).

La présente loi, délibérée et adoptée par le Sénat et par la Chambre des Députés, sera exécutée comme loi de l'État.

Fait à Paris, le 17 juillet 1921.

A. MILLERAND.

Par le Président de la République :

Le Ministre des Travaux Publics,
YVES LE TROCQUER.

Le Ministre des Finances,
PAUL DOUMER.

CONVENTION [1]

Entre le Ministre des Travaux Publics et la Compagnie des Chemins de fer du Midi relative à l'abrogation de l'article 9 de la Convention du 3 novembre 1896.

L'an 1920, le 21 juin.

Entre le Ministre des Travaux Publics agissant au nom de l'Etat et sous réserve de l'approbation des présentes par une loi.

D'une part ;

Et la Société Anonyme établie à Paris, sous la dénomination de Compagnie des Chemins de fer du Midi, représentée par M. Georges Teissier, Président du Conseil d'Administration, élisant domicile au siège de ladite Société, boulevard Haussmann, n° 54, à Paris, et agissant en vertu des pouvoirs qui lui ont été conférés par délibération du Conseil d'Administration, en date du 30 mai 1919, et sous réserve de l'approbation des présentes par l'Assemblée générale des Actionnaires de la Compagnie,

D'autre part,

Il a été dit et convenu ce qui suit :

Article premier

L'article 9 de la Convention passée le 3 novembre 1896, entre le Ministre des Travaux Publics et la Compagnie des Chemins de fer du Midi et du canal latéral à la Garonne, et approuvé par la loi du 27 novembre 1897, ledit article fixant les tarifs maxima applicables à diverses marchandises sur certaines lignes exploitées par la Compagnie des Chemins de fer du Midi est abrogé.

L'article 9 de ladite Convention et l'annexe aux tarifs généraux de petite vitesse de la Compagnie des Chemins de fer du Midi, applicable depuis le 1er juillet 1898 en exécution des dispositions dudit article 9, cesseront d'être en vigueur à l'expiration d'un délai minimum de quinze jours complets à partir du lendemain de la promulgation de la loi.

Art. 2.

La Compagnie des Chemins de fer du Midi s'engage à ne réclamer aucune indemnité, en raison des variations de trafic pouvant résulter, pour elle, de l'établissement des voies de raccordement entre ses lignes et les ports de navigation intérieure qui

---

(1) Convention approuvée par l'Assemblée générale extraordinaire du 9 septembre 1921. (Voir note page 97.)

sont installés ou seront installés ultérieurement dans le périmètre de son réseau ; conséquemment, la Compagnie s'engage à ne pas se prévaloir, dans tous ces cas, de l'article 3 de la loi du 3 décembre 1908.

ART. 3.

L'enregistrement de la présente Convention ne donnera lieu qu'à la perception du droit fixe de trois francs (3 fr.).

Fait en double à Paris, les jour, mois et an que dessus.

Approuvé l'écriture :
Signé : G. TEISSIER.

Approuvé l'écriture :
Signé : YVES LE TROCQUER.

Par le Président de la République :

Le Ministre des Travaux Publics,
YVES LE TROCQUER.

Le Ministre des Finances,
PAUL DOUMER.

COMPAGNIE DES CHEMINS DE FER DU MIDI

Paris, le 30 janvier 1920.

Monsieur le Ministre,

Conformément à la demande qui nous a été faite par le Comité spécial chargé de l'étude de la suppression de l'annexe à nos tarifs généraux de petite vitesse, j'ai l'honneur de vous adresser l'ensemble des engagements qui ont été pris par notre Compagnie, dans le cas de suppression de cette annexe.

L'énumération ci-après groupe, par conséquent, tant les engagements pris par nous à diverses dates, comme résultat des pourparlers qui ont été poursuivis avec les délégués de votre Administration, que ceux qui nous ont été, en dernier lieu, réclamés par le Comité spécial :

1° La Compagnie des Chemins de fer du Midi s'engage à accepter les concessions qui lui seront proposées par l'Etat, en vue de l'établissement et de l'exploitation, dans le périmètre de son réseau, de voies de raccordement entre le chemin de fer et les ports établis ou à établir sur les voies intérieures navigables, pour l'échange, avec celles-ci, des marchandises en provenance ou à destination du chemin de fer.

L'État pourra d'ailleurs, éventuellement, concéder à d'autres entreprises la construction et l'exploitation de certaines voies de raccordement, à l'intérieur du périmètre du réseau de la Compagnie du Midi, pourvu qu'il n'en résulte aucun obstacle à la circulation sur le chemin de fer, ni aucun frais particuliers pour la Compagnie ; celle-ci ne pourra mettre aucun obstacle à ces raccordements, ni réclamer, à l'occasion de leur établissement, aucune indemnité quelconque, en raison des variations de trafic pouvant en résulter pour elle, ainsi qu'il est dit à l'article 2 du projet de Convention à intervenir entre le Ministre des Travaux Publics et la Compagnie du Midi, relative à la suppression de l'annexe aux tarifs généraux de petite vitesse de cette Compagnie ;

2° La Compagnie du Midi, pour les concessions de voies de raccordement qui lui seront accordées procèdera aux études, tant de l'infrastructure que de la superstructure, du tracé des voies, ainsi que des installations accessoires de toute nature ; elle dressera les projets des travaux à exécuter et les soumettra pour approbation au Ministre des Travaux Publics ; elle procèdera à toutes formalités et opérations requises pour l'exécution des travaux, dans les mêmes conditions générales que celles déjà établies pour les lignes nouvelles qui lui ont été le plus récemment concédées.

Dans le cas où la Compagnie du Midi ne serait pas concessionnaire d'une voie de raccordement avec un port de navigation intérieure établi ou à établir dans le périmètre de son réseau, elle procèdera, néanmoins, aux études de l'établissement de cette voie et de sa liaison avec la ligne principale de la Compagnie du Midi, dans la limite des emprises de cette dernière. Les dépenses correspondantes seront imputées à son compte général d'exploitation. Les projets seront présentés par le concessionnaire, pour approbation, au Ministre des Travaux Publics.

3° Les raccordements avec le chemin de fer se feront par aiguille. Ils auront lieu, autant que possible, dans une des gares de la Compagnie; exceptionnellement, toutefois, ils pourront avoir lieu en pleine voie, sur la décision du Ministre, la Compagnie entendue ;

4° L'ensemble des dépenses de premier établissement nécessaires pour l'exploitation des voies de raccordement concédées à la Compagnie du Midi sera à la charge de l'État. Seront également à la charge de l'État les travaux complémentaires d'établissement reconnus nécessaires et dont les projets auront été présentés par la Compagnie, pendant une durée de cinq années, respectivement, à partir du jour de la mise en exploitation de chacune de ces voies de raccordement ces travaux complémentaires seront ensuite à la charge de la Compagnie.

Toutefois, la Compagnie contribuera aux dépenses d'établissement incombant, comme il vient d'être dit, à l'État, jusqu'à concurrence d'une somme de 10.000 fr. par kilomètre de voie de raccordement décomptée par 100 mètres ou fraction de 100 mètres arrondie à la centaine, la longueur à compter étant celle qui résultera du procès-verbal de chaînage et étant mesurée jusqu'à l'extrémité de la voie de raccordement, la plus éloignée de l'aiguille de soudure avec la ligne principale du chemin de fer.

Les travaux d'entretien seront à la charge de la Compagnie à partir de l'expiration du sixième mois qui suivra l'ouverture à l'exploitation ;

5° En principe, les voies de raccordement concédées à la Compagnie du Midi ne seront utilisées que pour les échanges de marchandises transportées ou à transporter sur la ligne du Chemin de fer, en petite vitesse par wagons complets et dont la manutention sur ces voies, incombera dans tous les cas aux expéditeurs ou destinataires. L'exécution d'autres services ne pourra être qu'accessoire et demeurera subordonnée à celle du service général ainsi défini ;

6° Les dépenses d'établissement à la charge de la Compagnie entreront en compte, pour le recours à la garantie d'intérêt, dans les conditions prévues par l'article 13 de la Convention du 9 juin 1883, approuvée par la loi du 20 novembre suivant.

Quant aux recettes et aux dépenses d'entretien, elles seront portées au compte unique de l'exploitation, prévu par l'article 10 de la Convention précitée, dans les conditions stipulées à l'article premier, paragraphe 2, de la Convention du 16 octobre 1890, approuvée par la loi du 27 mai 1891 ;

7° Sans préjudice des conditions plus avantageuses qui pourront être consenties par la Compagnie, dans des cas déterminés, il est d'ores et déjà stipulé, d'une manière générale, que la Compagnie accepte, à titre de maximum, la tarification ci-après, sous réserve que la voie de raccordement concédée ne présentera pas de déclivité supérieure à 15 millimètres par mètre, ni de courbes d'un rayon inférieur à 150 mètres :

a) Pour les raccordements en gare, la longueur de la voie de raccordement sera simplement ajoutée à la longueur taxable sur les lignes principales du chemin de fer, la taxe applicable étant calculée sur le total de ces deux longueurs.

La Compagnie du Midi percevra un supplément de taxe, par tonne (impôts non compris), calculé sur la base de 1 franc, mais avec déduction de 1 centime par kilomètre taxé, tant sur la longueur de la voie de raccordement que sur la longueur taxable de la ligne principale de cette Compagnie ;

b) Pour les raccordements en pleine voie, la longueur de la voie de raccordement sera ajoutée à la longueur taxable sur les lignes principales du chemin de fer, cette dernière étant comptée jusqu'à la première gare audelà de point de soudure de la voie de raccordement, et la taxe applicable sera calculée sur le total de ces deux longueurs.

La Compagnie du Midi percevra un supplément de taxe, par tonne (impôts non compris), calculé sur la base de 1 fr. 50, mais avec déduction de 1 centime par kilomètre taxé, tant sur la longueur de la voie de raccordement que sur la longueur taxable de la ligne principale de cette Compagnie.

Les suppléments de taxe calculés comme il est dit aux paragraphes *a* et *b* ci-dessus seront passibles, soit des majorations temporaires appliquées aux taxes de transport sur le réseau de la Compagnie du Midi, soit de celles appliquées, sur ce réseau, à certains transports, tels que masses indivisibles ; marchandises ne pesant pas 200 kilogr. par mètre cube : matières régies par le règlement du 12 novembre 1897, etc.

Pour les transports non taxés au poids, les suppléments de taxes, calculés comme il est dit aux paragraphes *a* et *b* ci-dessus, seront établis, à forfait, sur les deux tiers de la charge limite des wagons utilisés.

Les frais de gare des transports de ou pour les voies de raccordement seront perçus comme si la marchandise était en provenance ou à destination d'une gare de la Compagnue du Midi.

Il est entendu que si des opérations ou formalités administratives spéciales, telles que celles relatives à des services de douane, d'octroi, etc., devant être assurées pour les marchandises à charger ou à décharger sur les voies de raccordement, entraîneraient pour la Compagnie du Midi des charges supplémentaires, des redevances seraient à établir, selon les cas à envisager, pour couvrir la Compagnie de ces diverses charges ;

8° L'État demeurera entièrement libre, en ce qui concerne les voies de raccordement avec les ports fluviaux, concédées à la Compagnie du Midi, de concéder également à celle-ci ou, au contraire, à une tierce entreprise de son choix, l'outillage de ces voies, sous la seule réserve, dans ce dernier cas, qu'il n'en résulte pas d'obstacle au service du chemin de fer, ni aucuns frais particuliers pour la Compagnie. La concession de l'outillage, lorsqu'elle sera accordée à la Compagnie du Midi, sera rattachée à la concession des voies de raccordement elles-mêmes, les clauses et conditions générales indiquées ci-dessus et relatives aux charges de contruction, d'entretien ou d'exploitation s'étendant à l'ensemble de ces deux concessions. Celle-ci pourra prendre à sa charge, dans les cas où elle sera d'accord avec l'État à ce sujet, les dépenses d'outillage, étant entendu que les taxes à percevoir seront établies de manière à la rémunérer des charges afférentes à ces dépenses, en sus de celles relatives à ses autres charges de toute nature nécessitées par l'entretien, le renouvellement et la mise en œuvre de cet outillage.

Il est entendu d'ailleurs, d'une manière générale, que les taxes à établir pour l'utilisation d'un outillage de voies de raccordement, concédé à la Compagnie seront fixées par le Ministre sur la proposition de la Compagnie, dans les mêmes conditions que celles prévues pour les frais accessoires des transports par chemin de fer, à des taux correspondant, par conséquent, aux charges réelles de toutes natures, frais généraux compris, afférentes à l'établissement et à l'exploitation de cet outillage et incombant à la Compagnie du Midi.

Veuillez agréer, Monsieur le Ministre, l'assurance de ma haute considération,

Le Président du Conseil d'Administration,

Signé : G. TEISSIER.

Vu pour être annexé à la loi du 17 juillet 1921, délibérée et adoptée par le Sénat et par la Chambre des Députés.

Par le Président de la République,

Le Ministre des Travaux Publics,
YVES LE TROCQUER.

Le Ministre des Finances,
PAUL DOUMER.

NOTE

La Convention et la lettre ci-dessus ont été approuvées par l'Assemblée générale extraordinaire, du 9 septembre 1921, comme suit :

L'Assemblée générale extraordinaire consultée :

1° *Approuve la Convention intervenue le 21 juin 1920, entre le Ministre des Travaux Publics et la Compagnie des Chemins de fer du Midi et complétée par la lettre du 30 juin 1920, adressée par ladite Compagnie au Ministre des Travaux Publics (ladite Convention ratifiée par une loi du 17 juillet 1911).*

2° *Donne pouvoirs au Conseil d'Administration pour assurer l'exécution desdits actes et notamment pour contracter les emprunts nécessaires.*

LOI

du 29 Octobre 1921

relative au nouveau régime des Chemins de fer d'intérêt général.

(Journal Officiel du 12 novembre 1921.)

Article premier.

Est approuvée la Convention passée le 28 juin 1921 entre le Ministre des Travaux Publics les Compagnies de Chemins de fer du Nord, de l'Est, de Paris-Lyon-Méditerranée, de Paris à Orléans et du Midi, le Syndicat du Chemin de fer de Grande-Ceinture, le Syndicat du Chemin de fer de Petite-Ceinture et l'Administration des Chemins de fer de l'État pour l'exploitation de leurs réseaux.

Un exemplaire de ladite Convention restera annexé à la présente loi.

Art. 2.

Chaque année, la loi de finances fixera, à titre provisionnel :

1° Le montant des avances que le Trésor est autorisé à faire au fonds commun par l'application de l'article 13 de la Convention ci-dessus visée;

2° Le montant total des obligations que chaque réseau est autorisé à émettre pour quelque cause que ce soit et, notamment, pour l'application des articles 13, 16 et 25 de la Convention ci-dessus visée.

Art. 3.

Il sera créé pour chaque réseau une Société commerciale coopérative du personnel. Ses statuts seront approuvés par décret délibéré en Conseil d'État et rendu sur la proposition du Ministre des Travaux Publics. Son Conseil d'Administration sera composé uniquement d'agents du réseau en activité de service.

La moitié de la part de prime revenant au personnel d'un réseau pourra être versée par chaque agent à la Société coopérative du réseau qui devra placer tous les fonds (capital et intérêts) dont elle disposera :

Soit en actions de son réseau, sans que le placement en actions puisse dépasser ni chaque année le quart du capital employé, ni en totalité le quart du capital social du réseau ;

Soit en obligations des grands réseaux, en emprunts émis par l'État ou en obligations émises ou garanties par l'État ;

Soit en immeubles affectés à l'habitation d'agents du réseau ou en prêts hypothécaires en vue de la construction ou d'achats d'immeubles de même destination.

Toutes les valeurs mobilières seront achetés ou vendues par l'intermédiaire du ministère des Finances; elle devront toutes être nominatives et immatriculées au nom de la Société coopérative.

Toutefois, en ce qui concerne les actions du réseau, elles seront immatriculées soit au nom des agents faisant partie de la coopérative qui désireront en acquérir dans les conditions indiquées ci-dessous, soit au nom de la Société coopérative, le total des actions achetées ne pouvant dépasser les maxima fixés au troisième alinéa du présent article.

Un compte sera ouvert pour chaque agent affilié à la coopérative ; il y sera porté la moitié des primes successives lui revenant et les intérêts annuels correspondants. Avec le quart des sommes inscrites à son compte, l'agent aura la faculté d'acquérir des actions de son réseau. Ces actions demeureront déposées dans la Caisse de la Société coopérative. Lorsque l'agent se retirera de la coopérative ou quittera le réseau, il recevra, le cas échéant, les actions dont il est propriétaire et, en outre, le reste des sommes inscrites à son compte, soit en capital, soit sous forme de rente viagère.

L'agent pourra d'ailleurs, à toute époque, affecter tout ou partie des sommes ou actions portées à son compte à des œuvres d'assurance et de prévoyance sociales instituées par des associations d'agents de chemins de fer reconnues d'utilité publique.

En cas de décès d'un agent en activité de service, la totalité des sommes inscrites à son compte reviendra à ses ayants droit.

Toutefois pour les Compagnies de Chemins de fer d'intérêt général qui modifieraient leur statut financier actuel et établieraient des actions de travail dans le cadre de la loi du 26 avril 1917, la Société coopérative du personnel prévue par cette dernière loi serait substituée à la Société coopérative du réseau instituée par le premier paragraphe du présent article.

Le règlement d'administration publique prévu à l'article 14 de la Convention annexée à la présente loi déterminera les conditions de cette substitution.

Ce même décret instituera, pour chacun des réseaux, y compris celui de l'État, une Caisse autonome qui pourra recevoir la deuxième moitié de la part de prime revenant au personnel ainsi que tout ou partie de la première moitié de la prime que l'agent n'aura pas versée à la coopérative ; cette Caisse sera gérée par le personnel dans les mêmes conditions que l'organisme visé au premier paragraphe du présent article. Le décret ci-dessus visé établira un système d'épargne permettant à cette Caisse, soit d'acquérir au nom des agents, et sur leur demande, avec les sommes leur revenant, des actions de leur réseau, des obligations de chemins de fer ou des valeurs émises par l'État ou garanties par lui, soit d'opérer des versements à des œuvres d'assurance et de prévoyance sociales. Les titres achetés au nom des agents leur seront remis. Les agents pourront d'ailleurs à toute époque retirer tout ou partie des sommes figurant au crédit de leur compte.

ART. 4.

Pour l'application des articles 5 et 17 de la convention ci-dessus visée, le Ministre des Travaux Publics est autorisé à déléguer au Conseil Supérieur le pouvoir de décision qui lui appartient dans les cas limitativement désignés par décrets rendus en Conseil des Ministres sur sa proposition.

ART. 5.

Le Ministre des Travaux Publics est autorisé, dans les conditions fixées par l'article 17 de la Convention ci-dessus visée : à homologuer des tarifs supérieurs aux maxima fixée par l'article 42 du cahier des charges, à diminuer le poids des franchises de bagages indiqué à l'article 44, à modifier les limites prévues à l'article 46 pour le transport des masses indivisibles, à augmentre dans les conditions fixées par l'article 13 ci-après les prix fixés par l'article 56 (5°) pour le transport des lettres et dépêches par convois spéciaux, à majorer les prix prévus à l'article 57 pour le transport des prévenus, accusés ou candamnés, et à majorer les taxes prévues à l'article 62 pour fournitures et envoi de matériel roulant sur les embranchements.

ART. 6.

Les représentants du personnel au Conseil Supérieur seront élus ; ils devront comprendre six représentants des classes moyennes et six du petit personnel.

ART. 7.

Des abonnements spéciaux, sur des itinéraires à fixer par le Ministre des Travaux Publics, dits abonnements de travail, en troisième classe, ou en deuxième classe sur les lignes ne comportant pas de trosième classe, seront délivrés à tout travailleur, employé ou ouvrier, et justifiant qu'il a à accomplir chaque jour le trajet du lieu de sa résidence au lieu de son travail et retour.

ART. 8.

Dans les familles comptant trois enfants de moins de dix-huit ans ou davantage, sur la demande du chef de famille, le père, la mère et chacun des enfants de moins de dix-huit ans recevront une carte d'identité strictement personnelle, leur donnant droit à une réduction sur les tarifs de

30 % pour les familles de 3 enfants ;

40 % pour les familles de 4 enfants ;

50 % pour les familles de 5 enfants ;

60 % pour les familles de 6 enfants ;

70 % pour les familles de 7 enfants et plus.

Cette réduction portera sur les billets simples et sur les billets aller et retour ordinaires.

ART. 9.

Tout militaire réformé avec une invalidité d'au moins 25 % a droit à une réduction sur les tarifs de voyageurs.

Cette réduction sera de 50 % pour tout réformé de 25 à 50 %, de 75 % pour tout réformé de 50 % et plus.

La gratuité du voyage sera, en outre, accordée au guide de l'invalide de 100 %, bénéficiaire des dispositions de l'article 10 de la loi du 31 mars1919.

Ces taux sont applicables aux billets simples et aux billets d'aller et retour ordinaires.

ART. 10.

Les Compagnies et le réseau de l'État délivreront chaque année, sur leur demande et sur simple certificat du maire, un permis de deuxième classe aux veuves, ascendants, descendants des 1er et 2e degrés et, à défaut de ces parents, au frère ou à la sœur aîné, qui pourront faire bénéficier de leur titre, à leur place, l'un des autres frères et sœurs des militaires morts pour la patrie, pour leur permettre d'effectuer un voyage gratuit de leur lieu de résidence au lieu de l'inhumation faite par l'autorité militaire.

Les parents, la veuve, les ascendants et les descendants des 1er et 2e degrés des militaires disparus jouiront de la même faculté pour se rendre à l'ossuaire militaire, le plus rapproché du lieu indiqué par le jugement déclaratif de décès.

ART. 11.

Un décret délibéré en Conseil d'État et rendu sur la proposition du Ministre des Travaux Publics, le Conseil Supérieur entendu, déterminera les catégories de personnes, autres que le personnel attaché aux réseaux et à leur contrôle, qui seules pourront bénéficier des facilités de circulation en dehors des tarifs régulièrement homologués.

ART. 12.

Toute contestation d'ordre collectif s'élevant entre un ou plusieurs réseaux et le personnel, notamment sur les questions relatives au statut, ainsi qu'aux règles de travail et de rémunération et aux institutions de retraites du personnel, sera réglée par un tribunal arbitral constitué ainsi qu'il suit : deux arbitres seront désignés par les représentants des réseaux au Conseil Supérieur; deux arbitres seront désignés par les représentant du personnel à ce même Conseil, appartenant à la catégorie ou aux catégories du personnel intéressé dans le conflit ; un cinquième arbitre, qui sera de droit président du tribunal arbitral, sera désigné par le Conseil supérieur délibérant sans les représentants des réseaux et du personnel. Ce cinquième arbitre devra être choisi en dehors du Conseil Supérieur.

ART. 13.

Dans les six mois qui suivront l'installation du Conseil Supérieur des chemins de fer, une Convention sera passée entre les réseaux, le Ministre des Travaux Publics et l'Administration des postes pour assurer la circulation du matériel appartenant à cette dernière et régler les conditions et délais de transport des colis postaux.

Une Convention entre les réseaux, le Ministre des Travaux Publics et l'Administration pénitentiaire réglera, dans les mêmes conditions, la circulation du matériel appartenant à cette Administration.

Ces Conventions ne seront définitives qu'après approbation par des lois spéciales.

ART. 14.

Les grands réseaux de Chemins de fer d'intérêt général présenteront, dans un délai de trois mois à dater de la promulgation de la présente loi, à l'homologation du Ministre des Travaux Publics, des dispositions additionnelles à leurs règlements de retraites.

Ces dispositions devront être telles qu'à égalité de pension et d'emploi, es agents d'un même réseau, retraités avant le 1er janvier 1919 avec pension à jouissance immédiate, reçoivent des majorations égales.

Lesdites dispositions devront accorder aux agents retraités postérieurement au 1er janvier 1919 avec pension à jouissance immédiate, et avant d'avoir pu bénéficier pendant six années des échelles de traitement actuellement en vigueur, des compléments de pensions destinés à assurer la transition entre les pensions calculées sur la base des traitements anciens et majorés dans les conditions indiquées à l'alinéa précédent, d'une part, et les pensions calculées sur la base des nouveaux traitements, d'autre part.

ART. 15.

L'enregistrement de la Convention annexée à la présente loi ne donnera lieu qu'à la perception d'un droit fixe de trois francs (3 fr.).

Fait à Paris, le 29 octobre 1921.

A. MILLERAND.

Par le Président de la République :

Le Ministre des Travaux Publics,
YVES LE TROCQUER.

Le Ministre des Finances,
PAUL DOUMER.

CONVENTION [1]

L'an mil neuf cent vingt et un et le vingt-huit juin,

Entre,

Le Ministre des Travaux Publics, agissant au nom de l'État, sous réserve de l'approbation des présentes par une loi, d'une part :

Et, d'autre part,

L'Administration des chemins de fer de l'État, représentée par M. Dejean, directeur des Chemins de fer de l'État.

La Société Anonyme établie à Paris sous la dénomination de Compagnie des Chemins de fer de l'Est, ladite Compagnie représentée par MM. Gomel, président du Conseil d'Administration, et le baron Davillier, vice-président, élisant domicile au siège de ladite Société, à Paris, rue et place de Strasbourg, et agissant en vertu des pouvoirs qui leur ont été conférés par délibération du Conseil d'Administration en date du 12 mai 1920, et sous la réserve de l'approbation des présentes par l'Assemblée générale des Actionnaires ;

La Société Anonyme établie à Paris sous la dénomination de Compagnie du du Chemin de fer du Nord, représentée par MM. le baron Edouard de Rothschild, Président du Conseil d'Administration, Griolet, Vice-Président, et Vallon, administrateur, élisant domicile au siège de ladite Société, à Paris, rue de Dunkerque, 18 et agissant en vertu des pouvoirs qui leur ont été conférés par délibération du Conseil d'Administration en date du 14 mai 1920 et sous la réserve de l'approbation des présentes par l'Assemblée générale des Actionnaires :

---

(1) La Convention ci-dessus a été approuvée par l'Assemblée générale extraordinaire, du 9 décembre 1921, comme suit :

L'Assemblée générale consultée :

1° *Approuve la Convention du 28 juin 1921 passée avec le Ministre des Travaux Publics, et approuvé par la la loi du 29 octobre 1921.*

2° *Donne au Conseil d'Administration tous pouvoirs pour assurer l'exécution de ladite Convention, notamment pour contracter les emprunts nécessaires.*

La Société Anonyme établie à Paris sous la dénomination de Compagnie des Chemins de fer de Paris à Lyon et à la Méditerranée, représentée par M. le baron Girod de l'Ain, Administrateur élisant domicile au siège de ladite Société, à Paris, rue Saint-Lazare, 88, et agissant en vertu des pouvoirs qui lui ont été conférés par délibération du Conseil d'Administration en date du 14 mai 1920, et sous la réserve de l'approbation des présentes par l'Assemblée générale des Actionnaires;

La Société Anonyme établie à Paris sous la dénomination de Compagnie du chemin de fer de Paris à Orléans, ladite Compagnie représentée par M. Vergé, Président du Conseil d'Administration, élisant domicile au siège de ladite Société, à Paris, et agissant en vertu des pouvoirs qui lui sont conférés par délibération du Conseil d'Administration en date du 14 mai 1920, et sous la réserve de l'approbation des présentes par l'Assemblée générale des Actionnaires ;

La Société Anonyme établie à Paris sous la dénomination de Compagnie des chemins de fer du Midi, ladite Compagnie représentée par M. Georges Tessier, Président du Conseil d'Administration, élisant domicile au siège de ladite Société à Paris, boulevard Haussmann, 54, et agissant en vertu des pouvoirs qui lui ont été conférés par délibération du Conseil d'Administration en date du 14 mai 1920, et sous la réserve de l'approbation des présentes par l'Assemblée générale des Actionnaires;

Le Syndicat du chemin de fer de Grande-Ceinture de Paris, représenté par M. le baron Edouard de Rothschild, vice-président, élisant domicile au siège du Syndicat, ue de Londres, 16, agissant en vertu des pouvoirs qui lui ont été conférés par délibération du Syndicat en date du 12 mai 1920, et sous la réserve de l'approbation des présentes par l'Assemblée générale du Syndicat ;

Le Syndicat du chemin de fer de Petite-Ceinture de Paris, représenté par M. Gomel président, élisant domicile au siège du Syndicat, rue de Londres, 16, agissant en vertu des pouvoirs qui lui ont été conférés par délibération du Syndicat en date du 12 mai 1920 et sous la réserve de l'approbation des présentes par l'Assemblée générale du Syndicat ;

Il a été convenu ce qui suit :

TITRE PREMIER

ARTICLE PREMIER

A partir du 1er janvier 1921, l'exploitation de chacun des réseaux concédés respectivement aux Compagnies de l'Est, du Midi, de Paris à Orléans, du Nord et de Paris-Lyon-Méditerranée, ainsi que celle du réseau géré par l'Administration des Chemins de fer de l'Etat, seront soumises aux dispositions ci-après qui comportent, sous la haute autorité du Ministre des Travaux Publics :

1° Une organisation commune destinée à assurer la coordination des différentes exploitations en concordance avec les intérêts généraux de la nation ;

2° Une coopération des réseaux entre eux et avec l'État et une solidarité financière qui assure l'établissement et le maintien de l'équilibre entre les charges de toute nature et les recettes fournies par le trafic.

ART. 2.

L'organisation commune à tous les réseaux est constituée par un Conseil Supérieur des Chemins de fer et un Comité de direction dont la composition, les attributions et les conditions de fonctionnement sont déterminées ci-après.

En dehors de cette organisation commune, chaque réseau conserve son organisation intérieure et son exploitation propre.

ART. 3.

Le Conseil Supérieur des chemins de fer est composé, en sus du président :

a) Des dix-huit membres du Comité de direction;

b) Pour chacun des six réseaux, de deux représentants du personnel désignés par le Ministre des Travaux Publics ;

c) De trente représentants des intérêts généraux de la nation nommés par décret rendu sur la proposition du Ministre des Travaux Publics.

Le président est nommé par décret rendu sur la proposition du Ministre des Travaux Publics.

Tout membre qui n'exerce plus les fonctions à raison desquelles il a été nommé cesse de plein droit de faire partie du Conseil Supérieur; il est immédiatement remplacé par un membre nouveau désigné dans les mêmes conditions que celui qu'il remplace.

Le directeur des chemins de fer au Ministère des Travaux Publics siège au Conseil Supérieur comme commissaire du Gouvernement,

Un décret, délibéré en Conseil d'État et rendu sur le proposition du Ministre des Travaux Publics, fixera les détails d'organisation et de fonctionnement du Conseil ; il précisera en particulier, les conditions dans lesquelles les membres du Conseil et le commissaire du Gouvernement pourront se faire suppléer en cas d'empêchement.

ART. 4.

Le Conseil Supérieur des Chemins de fer est obligatoirement saisi par le Ministre des Travaux Publics des questions d'intérêt commun à tous les réseaux en matière technique, commerciale, administrative et financière.

Il donne également son avis sur les questions importantes concernant un ou plusieurs réseaux dont le Ministre juge utile de le saisir.

Sont notamment de sa compétence les questions ci-après :

Les concessions de lignes nouvelles :

Les modifications de la constitution des réseaux :

Les mesures relatives à la modification du régime financier des réseaux ;

Les programmes de travaux complémentaires ;

Les programmes d'électrification ;

Les programmes de raccordement des réseaux entre eux, avec les ports, les voies d'eau et toutes autres voies de communication ;

Les programmes d'acquisition de matériel roulant et les moyens à employer pour assurer l'uniformisation des types de matériel et fixer la consistance du parc des réseaux ;

Les règlements généraux d'exploitation et les méthodes uniformes de signilisation ;

Les mesures générales relatives à la police, à la sûreté et à l'usage du chemin de fer ;

Les modifications périodiques dans le service des trains ;

Les tarifs ainsi que leur application uniforme sur tous les réseaux et leur revision de manière à assusr l'équilibre de l'ensemble des recettes et de l'ensemble des charges dans les conditions prévues à l'article 17 ci-après ;

Les Conventions avec les chemins de fer étrangers concernant la création de jonctions nouvelles par voie ferrée et les partages de trafic, ainsi que les modifications périodiques des horaires des grands trains internationaux ;

Les autorisations d'émission d'obligations.

Il est, en outre, appelé à délibérer, conformément aux dispositions de la loi approbative de la présente Convention, sur les questions relatives au statut, aux règles de travail et de rémunération et aux institutions de retraite du personnel.

ART. 5.

Les avis du Conseil Supérieur sont pris à la majorité des voix des membres présents ; en cas de partage, la voix du président est prépondérante.

Les délibérations du Conseil sur les questions rentrant dans la compétence du Ministre des Travaux Publics en vertu des lois, conventions et règlements en vigueur, sont soumises à l'approbation du Ministre des Travaux Publics. Toutefois, en ce qui concerne celles de ces questions pour lesquelles le Conseil a reçu délégation spéciale des pouvoirs du Ministre, ces délibérations sont exécutoires de plein droit si ce dernier n'y fait pas opposition dans le délai d'un mois.

Le Ministre ne peut prendre une décision contraire à un avis du Conseil Supérieur qu'après une seconde délibération de celui-ci.

Le Comité de direction peut, dans le délai d'un mois qui suit la réception d'une délibération du Conseil Supérieur ou d'une décision du Ministre, demander que le Conseil délibère une seconde fois, s'il estime que la délibération ou la décision est contraire aux intérêts dont il a la charge. De son côté, le commissaire du Gouvernement peut demander au Conseil Supérieur une seconde délibération toutes les fois qu'il le juge nécessaire.

Faute par le Conseil de délibérer dans les délais qui lui seront fixés par le Ministre, pour les affaires dont il aurait été saisi par lui, il sera statué par le Ministre après mise en demeure.

Faute par un réseau de se conformer à une décision ministérielle prise dans les formes prévues au présent article, le Ministre notifie à ce réseau une mise en demeure à la suite de laquelle il peut être procédé, aux frais du réseau et dans les conditions fixées par ladite mise en demeure, à l'exécution d'office des mesures prescrites.

ART. 6.

Le Comité de direction est composé, pour chacune des cinq Compagnies visées à l'article premier, de leux administrateurs désignés par le Conseil d'Administration de la Compagnie et du directeur, et, pour l'administration des chemins de fer de l'État, du directeur, du président et du vice-président du Conseil de réseau. Il choisit lui-même parmi ses membres son président et son vice-président.

Les membres du Comité de direction peuvent se faire suppléer en cas d'empêchement.

Le diretcur des Chemins de fer au Ministère des Travaux Publics ou son suppléant siège au Comité de direction comme Commissaire du Gouvernement.

ART. 7.

Le Comité de direction délibère sur toutes les questionss qui intéressent l'ensemble des réseaux et notamment sur :

a) Les mesures à prendre en vue d'assurer la coordination technique entre les réseaux ainsi qu'une liaison étroite et constante de leurs services ;

b) Les tarifs, les règlements techniques d'exploitation et de la signalisation, les types de matériel fixe et roulant, les règles de répartition du trafic et de partage des recettes, les conditions générales d'échange du matériel roulant ;

c) Les modifications à apporter au statut ainsi qu'aux règles de travail et de rémunération du personnel et aux institutions de retraites ;

d) Les règles générales de délivrance des facilités de circulation ;

e) Les conditions générales d'exploitation des chemins de fer des deux Ceintures

ART. 8.

L'ordre du jour des séances du Comité de direction est adressé en temps utile au Commissaire du Gouvernement et à chacun des réseaux.

Les délibérations sont prises à la majorité des voix, chaque réseau ne disposant que d'une voix ; en cas de partage, la prépondérance est arttibuée au réseau auquel appartient le président ou le vice-président qui préside effectivement la séance.

Le commissaire du Gouvernement peut demander l'inscription à l'ordre du jour de telle question qu'il juge utile : il peut, le cas échéant, provoquer une réunion du Comité. Il a, d'autre part, le droit de demander une seconde délibération, si elle lui apparaît nécessaire.

Les délibérations prises engagent tous les réseaux.

Si, en matière de tarifs, de répartition de trafic ou d'échange de matériel, un réseau croit être lésé par les conséquences financières résultant pour lui des décisions prises par le Comité de direction en exécution de l'article 7 ci-dessus et du présent article, il pourra demander une indemnité qui sera à la charge des autres réseaux intéressés. Cette indemnité sera fixée et, s'il y a lieu, répartie par voie d'arbitrage.

ART. 9.

A toute époque, le Ministre pourra, après approbation du Conseil des Ministres, requérir l'abaissement des tarifs spéciaux dont le taux lui paraîtrait contraire à l'intérêt national. Avant d'user de ce droit, le Ministre devra inviter le ou les réseaux intéressés à soumettre à son homologation des propositions d'abaissement. Faute par eux de déférer à cette invitation, il provoquera l'avis du Conseil supérieur. Si le Conseil estime que l'abaissement est justifié, il présentera au lieu et place du ou des réseaux intéressés des propositions qui seront soumises à l'homologation ministérielle. Le Ministre aura le droit, avec l'assentiment du Conseil des Ministres, de prescrire cet abaissement, même après avis contraire du Conseil Supérieur émis dans une seconde délibération.

ART. 10.

A partir de la mise en vigueur du nouveau régime :

1° Le transfert d'une ligne de l'un à l'autre des réseaux participants ne pourra être fait que sur l'avis favorable du Conseil supérieur des chemins de fer:

2° La construction d'une ligne non encore concédée ne pourra être faite que sur l'avis du Conseil Supérieur des Chemins de fer.

Les réseaux s'engagent d'ailleur à accepter, aux conditions de la présente Convention, les concessions qui pourront leur être faites, au delà des maxima déjà prévus par les conventions antérieures, jusqu'à concurrence de :

500	kilomètres	pour le réseau	de l'Etat ;
180	—	—	de l'Est ;
150	—	—	du Midi ;
300	—	—	de l'Orléans. ;
100	—	—	du Nord ;
500	—	—	du P.-L.-M.,

à désigner par le Ministre des Travaux Publics, le réseau intéressé entendu.

Sauf conventions spéciales, les dépenses de construction des lignes nouvelles seront à la charge de l'État pour quatre cinquièmes et du réseau intéressé pour un cinquième. Dans le cas où un réseau accepterait d'effectuer la construction d'une ligne nouvelle, si le compte définitif des dépenses de cette ligne est supérieur au montant de l'évaluation du projet présenté par lui et approuvé par le Ministre des Travaux Publics, ce réseau imputera la moitié de l'excédent à son compte de premier établissement, sauf le cas de force majeure dûment constaté.

Les subventions accordées, le cas échéant, par les départements, les communes ou les particuliers seront intégralement défalquées de la part de dépense à la charge de l'État.

L'État pourra demander au réseau de lui faire l'avance des fonds nécessaires à la construction de la ligne. Dans ce cas, l'État remboursera au réseau les charges effectives des emprunts émis pour couvrir cette avance. L'annuité comprendra les intérêts, amortissements, frais de service, droits de timbre et tous autres droits à la charge du réseau dont les obligations sont ou seront frappées.

Jusqu'au 1er janvier qui suivra l'ouverture d'une ligne à l'exploitation complète, les charges effectives des sommes qui auront pu être prises en compte par le réseau ainsi que les frais d'exploitation seront payés au moyen des recettes d'exploitation de ladite ligne, et, en cas d'insuffisance, portés au compte d'établissement.

Toutes les dispositions du présent article seront applicables à la concession et à la construction des kilomètres restant disponibles sur les chiffres des conventions de 1883.

Art. 11.

Chaqur réseau devra présenter, avant le 1er novembre de chaque année, le programme des travaux complémentaires à sa charge qu'il compte réaliser au cours de l'année suivante ; ce programme pourra être modifié en cours d'exercice.

Le Conseil Supérieur examinera ce programme en vue d'apprécier s'il répond aux besoins du service et il adressera au Ministre son avis motivé.

Si le programme présenté par un réseau est jugé insuffisant, excessif ou prématuré et si l'accord ne s'établit pas entre ce réseau et le Conseil Supérieur, ce dernier remet au Ministre des propositions.

Art. 12.

Lorsque le Ministre aura à statuer, en vertu des pouvoirs à lui conférés par les lois et règlements pour parer à l'insuffisance des installations d'un réseau, de son personnel ou de son matériel, à raison des besoins déjà constatés et des besoins à prévoir d'après la progression du trafic, il provoquera l'avis du Conseil Supérieur des chemins de fer si celui-ci n'en a pas déjà délibéré, avant d'adresser la mise en demeure à l'administration intéressée.

TITRE II

Dispositions financières

Art. 13.

Il est institué un fonds commun destiné à réaliser la solidarité financière des grands réseaux, à pourvoir à l'équilibre de leurs recettes, dépenses et charges et à leur faire, le cas échéant, en cours d'exercice, les avances nécessaires au fonctionnement de leur trésorerie.

Ce fonds commun fera l'objet d'un compte spécial ouvert dans les écritures du Trésor public. Il sera alimenté par l'excédent des recettes des réseaux, comme il est dit à l'article 15 ci-après.

Si cet excédent est insuffisant, les tarifs seront majorés dans les conditions indiquées à l'article 17 ci-après. En cas de besoin, des avances seront faites au fonds commun par le Trésor public qui en sera remboursé comme il est prévu audit article. Toutefois, si le Ministre des Travaux Publics leur en fait la demande, les réseaux émettront des obligations pour couvrir tout ou partie des avances à faire au fonds commun, l'État assurant l'intérêt, l'amortissement et les frais réels de service de ces titres jusqu'à la date où il en opèrera le remboursement.

Lorsque tous les réseaux auront fait retour à l'État, le solde du fonds commun appartiendra à celui-ci.

Art. 14.

Il sera alloué à chaque réseau et à son personnel des primes annuelles tendant à les intéresser au développement du trafic et à l'économie dans les dépenses.

La prime du réseau sera composée de deux éléments indépendants :

A) 3% de l'excédent de la recette de l'exercice considéré par rapport à celle de 1920 (1) (étant entendu que dans le calcul des recettes il ne sera pas tenu compte du produit des majorations appliquées aux tarifs de base). Lorsque cet excédent dépassera 20 % de la recette de 1920, le taux applicable au surplus sera ramené à 2 %. ;

B) 1 % de la diminution, par rapport à l'exercice 1920, de l'insuffisance des ecettes comparées aux dépenses, ou, si les recettes sont supérieures aux dépenses, 1 % du total de l'exédent et de l'insuffisance de 1920.

A partir de l'exercice qui suivra celui où l'équilibre sera réalisé, c'est-à-dire où les recettes de l'ensemble des réseaux seront au moins égales au total des prélèvements prévus à l'article 15 ci-après, la prime, calculée comme il est dit à l'alinéa précédent, sera majorée de 1 % de la diminution de l'insuffisance ou de l'accroissement de l'excédent par rapport à l'exercice d'équilibre.

(1) La recette ne comprendra pour 1920 et les exercices ultérieurs ni celles des transports en service dont la dépense est imputable au compte d'exploitation, ni le produit de la vente au public des excédents d'énergie électrique, ni celui des péages perçus sur les lignes de transports électriques.

Pour les réseaux de l'Est et du Nord, le coefficient de 1 % figurant au premier alinéa de la prime B sera porté à 2 % pour les années 1921 à 1924 inclus; cette majoration de 1 % décroîtra ensuite de 1/10 par an et disparaîtra à partir de 1934.

Les recettes visées aux trois alinéas précédents comprennent le produit de toutes la majorations. Les dépenses représentent le total : 1° des dépenses visées aux paragraphes *a* et *c* de l'article 15 ci-après (déduction faite, pour les grands réseaux, des résultats financiers des Ceintures) ; 2° de la moitié des charges définies aux paragraphes *b* et *d* du même article ; 3° à partir de l'exercice 1922, des primes acquises pour l'exercice précédent tant au réseau qu'au personnel du réseau.

Toutefois, pour les exercices 1921 à 1926 inclus, il sera déduit des dépenses d'exploitation de 1920 la moitié de la différence entre la dépense de combustibles consommés pour la traction des trains pendant l'année 1920 et la dépense correspondante de 1921.

Pour les exercices 1927 et suivants, il sera déduit des dépenses d'exploitation de 1920 la totalité de la différence entre la dépense de combustibles consommés pour la traction des trains pendant l'année 1920 et la dépense correspondante de 1927. Pour les lignes électrifiées postérieurement au 1er janvier 1921, la dépense correspondante en 1927 sera évaluée d'après le parcours des trains électriques, la consommation moyenne kilométrique de charbon des trains tractionnés à la vapeur et le prix moyen du combustible pour les réseaux intéressés.

S'il y a augmentation, par rapport à l'exercice 1920, de l'insuffisance des recettes comparées aux dépenses dans les conditions cidessus indiquées, il sera appliqué une pénalité égale à 2 % de cette augmentation. Cette pénalité sera retranchée de la prime B de l'exercice suivant et, si c'est nécessaire, des primes B des exercices ultérieurs jusqu'à son complet amortissement.

Si le total des primes A et B acquis au réseau en vertu des alinéas précédents dépasse le tiers de la somme fixée au paragraphe *d* de l'article 15 ci-après, la moitié de l'exécdent sera versée au fonds commun ; si, après ce versement, il dépasse les deux tiers de ladite somme, les deux tiers du nouvel excédent seront versés au fonds commun.

La prime revenant à l'ensemble du personnel de chaque réseau sera composée de deux éléments indépendants A et B calculés comme il est dit ci-dessus, mais sans tenir compte des versements éventuels au fonds commun prévus à l'alinéa précédent.

Les éléments A et B seront doublés jusqu'au moment où le total de la prime revenant au personnel représentera 1,50 % de la recette de l'exercice considéré servant de base au calcul de l'élément A. A partir de cette limite, la prime du personnel continuera de croître par l'addition du surplus des élément A et B non doublés.

Le montant de la prime sera arrêté chaque année par le Ministre des Travaux Publics, sur la proposition des réseaux après avis de la Commission de vérification des comptes.

Un décret délibéré en Conseil d'État et rendu sur la proposition du Ministre des Finances, après avis du ConseilSupérieur, déterminera les bases de la répartition de la part de prime revenant au personnel.

Art. 15.

Sur les recettes brutes de toute nature entrant dans son compte d'exploitation, chaque réseau prélèvera :

a) Ses dépenses d'exploitation, telles qu'elles sont définies par les Conventions en vigueur ;

b) Le montant des charges effectives (intérêts, amortissements, frais accessoires, etc.), du capital social et des emprunts de toute nature contractés ou pris en charge par lui, sous déduction des remboursements et annuités dus par l'État, les départements, les communes et les particuliers, et, en ce qui concerne les Compagnies du Nord et du P. L. M., des annuités de remboursement prévus à l'article 19 ci-après, étant entendu qu'à partir de l'année 1927 incluse les charges des obligations qui auraient été émises pour couvrir tout ou partie des avances faites au fonds commun dans les années 1921 à 1926 incluse seront prélevées sur le fonds commun sans entrer en compte dans le calcul des primes.

Le réseau d'État prélèvera :

D'une part, une somme de 35.685.000 francs, à titre de représentation des charges contractées par l'ancien réseau d'État pendant la période allant jusqu'au rachat de l'Ouest :

Et, d'autre part, les charges nettes prévues par la loi du 13 juillet 1911, sous déduction :

1° D'une somme de 19.361.000 francs montant de l'annuité incombant à l'État, pour sa part dans la construction des lignes de l'ancien réseau ;

2° D'une somme de 6.300.000 francs, comprise dans celle de 8.300.000 francs figurant en *d* ;

c) Les insuffisances des participations financières et des exploitations annexes, les redevances, remboursements, annuités et toutes autres charges incombant au réseau ;

d) Une somme de :

8.300.000 francs pour l'État (1) ;
9.052.000 francs pour l'Est ;
6.250.000 francs pour le Midi ;
24.600.000 francs pour l'Orléans ;
20.000.000 francs pour le Nord ;
28.000.000 francs pour le Paris-Lyon-Méditerranée.

e) La prime prévue à l'article 14 ci-dessus.

L'excédent, s'il existe, sera versé au fonds commun ; inversement, si les recettes ne permettent pas de couvrir l'ensemble des prélèvements ci-dessus, la différence sera versée au réseau par le fonds commun.

Art. 16.

Les dépenses à la charge de l'État ou des réseaux pour la construction des lignes nouvelles, ainsi que pour l'exécution des travaux complémentaires, l'augmentation et le renouvellement du matériel, l'outillage de la voie et des ateliers, le mobilier des gares, les approvisionnements (1), etc., seront couvertes au moyen d'obligations nouvelles dont la période d'amortissement ne sera pas supérieure à soixante (60 ans). Les obligations comporteront des tranches successives comprenant chacune une période de vingt (20 années). Pour chaque tranche, la durée d'amortissement sera échelonnée entre soixante ans pour les obligations émises dans la première année et quarante ans pour les obligations émises dans la vingtième.

Ces obligations seront émises par chacun des réseaux pour ses besoins propres, après approbation du Ministre des Travaux Publics sur avis du Conseil Supérieur et du Ministre des Finances. Les titres seront d'un modèle uniforme pour tous les réseaux et porteront une mention spéciale indiquant le réseau qui en fera l'émission.

(1) Une fraction de cette somme (deux millions) ne figurent au paragraphe *d* qu'en vue du calcul de la prime.

Pendant la durée de la concession du réseau, les charges de ces obligations nouvelles seront assurées par les prélèvements prévus au paragraphe *b* de l'article 15, et, en cas d'insuffisance, par le fonds commun ; à l'expiration de la concession, lesdites charges seront supportées par l'État.

Art. 17.

Durant les six premières années qui suivront la mise en vigueur du nouveau régime, les tarifs pourront, s'il y a lieu, être revisés par décision du Ministre des Travaux Publics rendue sur la proposition du Conseil Supérieur des chemins de fer, même au delà des maxima prévus par les cahiers des charges, dans la mesure nécessaire pour rétablir l'équilibre des recettes, d'une part, des dépenses (non compris les parts de primes revenant aux Compagnies et à l'Administration des Chemins de fer de l'État) et des charges d'autre part.

Cette revision ne pourra intervenir que dans la limite compatible avec la situation économique générale.

Le Conseil Supérieur des Chemins de fer devra, s'il y a lieu, présenter une première proposition de revision dans les trois mois qui suivront son installation.

Ultérieurement, lorsque les versements du fonds commun dépasseront ses encaissements, le Conseil Supérieur des chemins de fer proposera au Ministre des Travaux Publics de décider, dans les conditions ci-dessus, les augmentations de tarifs nécessaires pour :

1° Rétablir l'égalité entre les versements et les encaissements annuels du fonds commun ;

2° Combler le déficit antérieur de telle sorte qu'au bout d'une période maximum de deux années, le fonds commun ait remboursé au Trésor public toutes ses avances afférentes aux exercices 1927 et suivants ;

3° Assurer à partir de 1927 le remboursement au Trésor des annuités restant à courir pour le service des obligations émises par les réseaux de 1921 à 1926, les six premières annuités de ces obligations restant définitivement à la charge de l'État par l'application de l'alinéa 3 de l'article 13 ci-dessus.

Les augmentations de tarifs proposées par le Conseil Supérieur seront applicables de plein droit si le Ministre des Travaux Publics, après avis du Ministre des Finances, n'y fait pas opposition dans le délai d'un mois.

Toutefois, si du 1er janvier 1921 au 31 décembre 1926 lesdites augmentations dépassent les maxima du cahier des charges de plus de 180 % pour les marchandises ou de plus de 100 % pour les voyageurs, elles seront applicables à titre temporaire, dans les conditions qui viennent d'être indiquées, mais elles devront être soumises à a ratification du Parlement.

Les limitations de 180 % et de 100 % pourront être remplacées par d'autres limitations soumises au Parlement, dès sa rentrée de janvier 1926, pour une période de cinq années par le Ministre des Travaux Publics, sur avis du Conseil Supérieur : elles entreront en vigueur au plus tôt six mois après la date de la loi approbative sans que cette date puisse être antérieure au 1er janvier 1927, les limitations antérieures étant prorogées en conséquence. Il sera procédé ensuite de la même façon tous les cinq ans jusqu'en fin de concession.

Les dispositions qui précèdent ne font pas obstacle aux remaniements partiels de tarifs qui pourraient être jugés utiles et qui seraient proposés par les réseaux ou demandés par le Ministre dans les formes réglementaires.

ART. 18.

Lorsque les encaissements du fonds commun, après remboursements des avances à lui faites par le Trésor public, excèderont ses versements, l'excédent servira à constituer une réserve dont le maximum sera fixé par le Ministre des Travaux Publics sur la proposition du Conseil Supérieur des Chemins de fer, après avis du Ministre des Finances. Lorsqu'au 31 décembre d'une année, l'excédent des encaissements du fonds commun dépassera le maximum de la réserve, le surplus appartiendra à l'Etat.

Lorsque le fonds commun aura versé des excédents au Trésor public, le Ministre pourra, après avis du Conseil Supérieur, abaisser tout ou partie des tarifs de manière à équilibrer le mieux possible les recettes et les charges du fonds commun.

ART. 19.

Les dettes de garanties des exercices antérieurs à 1914 seront arrêtées à la date du 31 décembre 1913 ; elles cesseront de porter intérêt à partir de cette date, sauf dans le cas prévu à l'avant-dernier paragraphe de l'article 21 ci-après ; elles ne seront exigibles qu'en fin de concession ou en cas de rachat.

L'État fait remise aux Compagnies des dettes contractées par elles au titre de la garantie d'intérêt pour les années 1914 et suivantes jusqu'à la mise en vigueur du nouveau régime.

Il remboursera aux Compagnie du Nord et du P.-L.-M. par le payement d'annuités payables jusqu'en fin de concession et conformément à l'article 15 *b*, les sommes portées ou à porter au compte d'établissement de ces deux réseaux par application de l'article 20 de la loi du 26 décembre 1914, non couvertes par des reversements ou des remboursements.

ART. 20.

Lorsque les réseaux de deux des Compagnies contractantes auront fait retour à l'État, soit après rachat, soit après l'expiration de leur concession, chacune des autres Compagnies aura le droit, dans un délai de trois mois après la disparition de la deuxième Compagnie, de demander et d'obtenir son rachat aux conditions de l'article 21 ci-après. Le rachat aura son effet à partir du 1er janvier qui suivra l'expiration de ce délai de trois mois.

Les Compagnies qui feront usage des dispositions de l'alinéa précédent renonceront, dans ce cas, au remboursement des dépenses des travaux complémentaires et des lignes nouvelles stipulé par les conventions de 1883. Les Compagnies renonceront également au remboursement des approvisionnements dont l'achat sera couvert, soit par des obligations, soit par des bons à court terme dont l'État, à partir du rachat, payera les intérêts et assurera le remboursement, soit par d'autres moyens de trésorerie dont l'État assumera les charges.

Si, après l'expiration normale des concessions des Compagnies du Nord et de l'Est, les autres Compagnies réclament l'application des dispositions du présent article, l'État pourra, pour ces dernières Compagnies, différer, jusqu'à la date normale d'expiration de leur concession, le versement de la valeur de reprise des objets mobiliers tels qu'ils sont définis à l'article 36 du cahier des charges.

Atr. 21.

En cas de rachat d'un réseau, l'indemnité de rachat sera calculé econformément aux prescriptions du cahier des charges et des conentions en vigueur.

Pour la détermination du produit net d'exploitation, il sera fait abstraction des résultats des années 1914 et suivantes jusqu'au 31 décembre 1920.

Le calcul de l'indemnité de rachat sera toujours arrêté à l'expiration d'une année et la reprise du réseau effectuée au 1er janvier suivant.

Le produit net sera déterminé en comprenant dans les recettes d'exploitation les versements faits par le fonds commun à la Compagnie et, dans les dépenses, ceux faits par la Compagnie au fonds commun conformément à l'article 15.

Il ne sera tenu compte, dans l'annuité de rachat, ni de la part de prime revenant au personnel, ni des annuités correspondant au remboursement des insuffisances de guerre des Compagnies du Nord et du Paris-Lyon-Méditerranée.

Il sera ajouté à l'annuité de rachat la différence entre les charges pour une année entière des capitaux dépensés par la Compagnie pendant la dernière année et les charges supportées par elle pendant cette dernière année pour les mêmes capitaux.

Dans tous les cas de rachat, ainsi qu'à l'expiration de la concession d'un réseau, l'État prendra possession des Caisses de retraite, de prévoyance, de secours, de pensions spéciales et de suppléments de pensions, telles qu'elles se trouveront à cette époque et sera substitué à la Compagnie dans tous ses droits et obligations.

Le matériel acquis avec le concours financier de l'État (1) pendant la guerre ne sera porté à l'inventaire que pour les sommes déboursées par les Compagnies.

Dans les deux mois qui suivront l'approbation de la présente Convention, les Compagnies prendront possession définitive du matériel roulant et de l'outillage qui leur a été délivré au titre de l'armistice ou du traité de paix. Tous ces objets, portés rétroactivement à l'inventaire aux dates auxquelles ils ont été effectivement remis aux réseaux, figureront audit inventaire pour leur valeur réelle au moment de leur livraison par les Allemands, telle qu'elle sera fixée par la Commission des réparations. Ladite valeur sera versée à l'État par les réseaux, déduction faite de la part qui pourra leur être attribuée pour compenser en nature la valeur d'une partie du matériel et de l'outillage disparus au cours des hostilités.

Le matériel provenant des stocks américains (Pershing) sera inscrit rétroactivement à la date du 3 octobre 1918 ; il sera repris et payé par les réseaux à sa valeur de cession par l'État.

Le matériel provenant des marchés américains (Felton et Slade) sera porté à l'inventaire aux dates effectives de sa livraison sur rail. Il sera pris en charge et payé par les réseaux à son prix de revient réel.

La somme à rembourser à un réseau racheté ou arrivé en fin de concession pour le rachat des objets mobiliers tels qu'ils sont définis à l'article 36 du Cahier des charges sera établi comme suit :

Les prix de reprise desdits objets, à l'exception des approvisionnements, seront

(1) Ce matériel est celui qui a fait l'objet des conventions suivantes :
22 octobre 1915, 5 décembre 1915, 16 mars 1916, pour le P. L.-M. ;
31 octobre 1915, 20 août 1916, pour le P.-O. ;
20 novembre 1915, 10 avril 1916, pour le Midi ;
4 mai 1916, 26 janvier, 1917 pour l'Est ;
18 octobre 1916, pour l'Etat ;
30 novembre 1917 pour les différents réseaux.

établis forfaitairement d'après les sommes imputées chaque année au débit de l'inventaire, augmentées de leur part proportionnelle des frais généraux et intérêts intercalaires et diminuées d'un quarantième par année pleine écoulée depuis le 31 décembre de l'année d'imputation. Si du matériel naval a été porté, avec autorisation du Ministre pour toute ou partie de sa valeur, au compte de premier établissement, il sera soumis à toutes les règles applicables au matériel roulant avec cette seule différence que la diminution d'un quarantième, dont il ivent d'être question, sera remplacée par une diminution d'un vingtième. Ne seront compris dans le calcul forfaitaire que les objets existants à la date du rachat ou en fin de concession.

Toutefois, pour tous les objets acquis au moyen des obligations nouvelles prévues à l'article 16 ci-dessus et pour les approvisionnements qui seront couverts par des obligations semblables, la valeur de reprise, telle qu'elle est déterminée ci-dessus, sera réduite au nombre de cinquantièmes égal au nombre des années restant à courir depuis l'année où la dépense aura été couverte par des obligations jusqu'à la fin de la concession.

D'autre part, les objets pour lesquels la déduction annulerait la valeur d'imputation et dont le Ministre désirerait la reprise, seront remboursés au prix de la valeur de démolition.

Les prix de reprise des approvisionnements seront les prix de revient.

La réduction prévue au quatorzième alinéa du présent article s'opérera en ce qui concerne les travaux complémentaires exécutés à partir du 1er janvier 1921, qui seront à rembourser en vertu des conventions antérieures.

Toutefois, au cas où l'État procèderait au rachat d'un réseau avant l'expiration de la période des sept années consécutives au 1er janvier 1921, les objets mobiliers existants ou en cours d'exécution sur ce réseau au 1er janvier 1914 seront repris forfaitairement d'après les sommes imputées au débit de l'inventaire, augmentées de leur part proportionnelle des frais généraux et intérêts intercalaires et diminuées d'un quart pour tenir compte de l'usure. Viendrait en déduction de la valeur ainsi calculée de ces objets la dette au titre de la garantie d'intérêt arrêtée à la date du 31 décembre 1913 et qui, pour ce cas, serait augmentée des intérêts simples depuis le 1er janvier 1921 jusqu'au jour du rachat.

Les Compagnie renoncent, en cas de rachat, au remboursement des dépenses complémentaires qu'elles seront autorisées à engager, après la mise en vigueur de la présente convention, pour la construction d'usines génératrices d'électricité et de lignes de transport à haute tension en vue de la traction électrique.

TITRE III

Dispositions diverses.

Art. 22.

Sont maintenues toutes les dispositions des conventions antérieures non contraires à celles de la présente convention.

Art. 23.

Le Ministre des Travaux Publics pourra, à toute époque, décider que le réseau d'Alsace et de Lorraine entrera dans l'organisation commune et qu'il sera soumis aux conditions de la présente convention, dont les dispositions financières lui seront applicables à partir du 1er janvier précédant ou suivant la date de la décision ministérielle. Dans ce cas, le Comité de direction sera complété par l'adjonction de trois représentants du réseau d'Alsace et de Lorraine, et le Conseil Supérieur par l'adjonction de ces trois représentants, de deux représentants du personnel dudit réseau et de cinq représentants des intérêts généraux.

Art. 24.

Le Ministre des Travaux Publics soumettra aux conditions de la présente Convention les organismes qui pourraient être substitués à l'un ou plusieurs des réseaux actuels.

Art. 25.

L'Etat s'engage à nouveau à remettre les réseaux, dans les parties détruites ou détériorées par les faits de guerre, dans l'état matériel où ils se trouvaient le 2 août 1914 en ce qui concerne notamment leur matériel roulant, leur outillage et leurs approvisionnements. Il pourra se faire faire par chaque réseau l'avance de tout ou partie des sommes nécessaires ; dans ce cas, l'État remboursera au réseau les charges effectives des emprunts émis pour couvrir cette avance. De leur côté, tous les réseaux s'engagent expressément à ne rien réclamer à l'État français à titre de dommages de guerre de quelque nature que ce soit, et notamment au titre de la loi prévue au dernier paragraphe de l'article 3 de la loi du 17 avril 1919. Ils subrogent l'État français dans tous les droits à la réparation qu'ils eussent été en droit de formuler en vertu du traité de paix contre l'Allemagne et ses alliés, réserve faite toutefois des dommages causés à leur domaine privé.

Art. 26.

Aussitôt après l'approbation de la présente Convention, l'État, d'une part, les Compagnie et l'Administration des Chemins de fer de l'État, d'autre part, renonceront réciproquement à toute action, opposition ou demande judiciaire de compensation ou de restitution en raison des charges de guerre qu'ils auraient supportées, depuis le 1er août 1914 jusqu'à la date de la présente Convention. Les Compagnies et l'Administration des chemins de fer de l'État renoncent également à toute réclamation aussi bien au sujet des comptes de garantie qu'au sujet de l'application des lois, décrets, décisions ministérielles, conventions passées entre l'État et les réseaux. Elles abandonnent, en conséquence, toutes instances en cours, se désistant de leurs recours et supporteront les frais de ces désistements.

Art. 27.

Les frais annuels de fonctionnement du Conseil Supérieur des Chemins de fer, du Comité de direction et du Commissariat du Gouvernements tels qu'ils seront définis par les décrets organiques sont supportés par les réseaux au prorata des recettes brutes de l'année précédente.

ART. 28.

La présente Convention sera enregistrée au droit fixe de trois francs (3 francs).

Pour l'Administration
des Chemins de fer de l'Etat,
Signé : ANDRÉ DEJEAN.

Pour la Compagnie
des Chemins de fer de l'Est,
Signé : GOMEL,
M. DAVILLIER.

Pour la Compagnie
du Chemin de fer du Nord,
Signé : E. DE ROTHSCHILD.
GRIOLET.
VALLON.

Pour la Compagnie
des Chemins de fer de Paris à Lyon
et à la Méditerranée,
Signé : GIROD DE L'AIN.

Pour la Compagnie
du Chemin de fer de Paris à Orléans,
Signé : CH. VERGÉ

Pour la Compagnie
des Chemins de fer du Midi,
Signé : G. TEISSIER.

Pour le Syndicat
des Chemins de fer de Grande Ceinture
de Paris,
Signé : E. DE ROTHSCHILD.

Pour le Syndicat
des Chemins de fer de Petite Ceinture
de Paris,
Signé : GOMEL.

Le Ministre des Travaux Publics,
Signé : YVES LE TROCQUER.

SYNDICAT DES CHEMINS DE FER DE CEINTURE DE PARIS

Paris, le 2 juillet 1921.

Monsieur le Ministre,

Vous avez bien voulu nous faire connaître un certain nombre d'observations auxquelles avait donné lieu l'examen de la Convention sur le nouveau régime des chemins de fer.

Nous avons l'honneur de vous indiquer ci-dessous nos réponses à ces observations.

On a pensé qu'il y aurait intérêt, dans certains cas, à permettre à des directeurs du Contrôle d'assister le Commissaire du Gouvernement, en vue de donner des renseignements d'ordre technique au Conseil Supérieur, et vous nous avez demandé si nous aurions quelque objection à l'adoption d'une telle mesure.

Nous vous donnerons satisfaction sur ce point et nous admettrons que les directeurs du Contrôle pourront avoir accès au Conseil Supérieur avec voix consultative, chacun en ce qui concerne les affaires de son service.

L'article 16 dispose que les dépenses de premier établissement seront couvertes au moyen d'obligations nouvelles dont la durée d'amortissement variera de soixante à quarante ans. Ces obligations nouvelles ne pourront être émises qu'après approbation du Ministre des Travaux Publics, sur avis du Conseil Supérieur des Chemins de fer et du Ministre des Finances.

Il est bien évident que ces obligations nouvelles ne pourront être émises au début de l'application du nouveau régime. L'intervention du Conseil supérieur des chemins de fer, l'avis de votre collègue des Finances et votre approbation nécessiteront des délais ; il faudra y ajouter le temps indispensable à la fabrication des titres nouveaux qui, dans les circonstances actuelles, sera d'au moins trois mois, en admettant que le papier nécessaire soit approvisionné d'avance. Il est donc prudent de compter qu'un délai d'environ six mois s'écoulera entre la mise en vigueur de la Convention et l'émission des obligations qu'elle prévoit.

Il paraît impossible de fermer, pendant tout ce temps, nos guichets de vente d'obligations ; nous avons, en effet, une clientèle qui est accoutumée à trouver d'une manière permanente à ces guichets la possibilité d'effectuer, sans formalités et sans frais, le placement de ses fonds disponibles et le remploi des sommes provenant des titres amortis.

Il ne faut pas que cette clientèle perde l'habitude de venir à nous, ni que le bruit se répande dans le public qu'avec le nouveau régime des Chemins de fer les réseaux n'ont plus besoin d'emprunter. D'un autre côté, les réseaux, pendant la période considérée, auront à régler des dépenses de premier éablissement : il faut donc qu'ils continuent à disposer de fonds d'emprunt.

Nous sommes convaincus, Monsieur le Ministre, que vous reconnaîtrez avec nous la nécessité d'émettre, dans la limite des autorisations, des obligations des titres anciens jusqu'au jour où les obligations prévues par l'article 16 seront prêtes.

Vous pouvez être certain que nous en hâterons le plus possible l'impression, car il n'est pas de notre intérêt de continuer à vendre des titres dont le délai d'amortissement insuffisant vient grever d'une façon regrettable nos charges d'exploitation, que tant d'autres causes rendent déjà si lourdes.

Il n'est pas nécessaire, pour obtenir le résultat souhaité, de modifier la Convention. Il suffit d'être d'accord sur une interprétation raisonnable du quatorzième et du dix-septième alinéas de l'article 21 et d'admettre que la disposition inscrite dans l'un et l'autre de ces alinéas s'applique uniquement aux objets et aux travaux complémentaires payés au moyen des obligations nouvelles définies à l'article 16.

Vous avez bien voulu nous faire connaître que M. le Ministre des Finances, se référant à une lettre de son prédécesseur, en date du 18 décembre 1920, demande qu'il soit inséré, dans le projet de loi approuvant la Convention sur le nouveau régime des Chemins de fer, une disposition portant que les émissions d'obligations nouvelles, pour les besoins des Chemins de fer de l'État, continueront à être effectuées par le Ministère des Finances, suivant les modalités prévues par la loi du 13 juillet 1911, à l'exception du délai d'amortissement qui sera porté au maximum à soixante ans.

Les Compagnies ne font pas d'objection à ce que, sous le nouveau régime, l'émission et le Service des obligations des Chemins de fer de l'État continuent à être matériellement assurés par le Ministère des Finances, mais à la condition expresse que toutes les dispositions de la Convention nouvelle relatives aux emprunts soient entièrement appliquées.

Il doit d'ailleurs demeurer entendu, que au cas où le Ministre des Travaux Publics, après avis du Ministre des Finances, userait de la faculté que lui accorde l'article 13 de la Convention, de demander aux réseaux d'émettre, pour le compte de l'État, des obligations destinées à couvrir provisoirement les insuffisances de fonds commun, chaque réseau participera à cette émission au prorata de son insuffisance propre.

Depuis la signature de la Convention, et à raison des circonstances actuelles, les Compagnies se sont trouvées dans l'obligation d'émettre des bons à court terme, dont le délai de remboursement n'excède pas dix ans.

Vous nous avez demandé comment devraient être traités ces bons en cas de rachat intervenant avant leur complet remboursement.

Les émissions de bons à court terme (qu'il s'agisse de bons remboursables à échéance fixe ou de bons amortissables par tirage au sort) constituent des opérations de trésorerie temporaires destinées avant tout à couvrir provisoirement des déficits d'exploitation et des avances à l'État. C'est seulement après avoir satisfait à cette affectation et si le montant des ressources créées par ces bons dépasse les besoin s de ladite affectation que l'excédent disponible peut, à défaut des obligations ordinaires, être appliqué aux dépenses d'approvisionnements, puis aux dépenses de travaux neufs, ensuite aux dépenses de travaux complémentaires, et enfin aux dépenses de matériel roulant. Il s'ensuit que les bons à court terme employés provisoirement à couvrir des dépenses d'approvisionnements ou de premier établissement devront être remplacés, aussitôt que possible, par des obligations. Si, pour une année donnée, toutes les dépenses d'approvisionnements et de premier établissement d'un réseau n'étaient pas couvertes par des obligations, les obligations émises seraient affectées successivement aux comptes de matériel roulant, de travaux complémentaires, de travaux neufs et d'approvisionnements.

Les Compagnies sont d'accord pour admettre que, étant donnés l'objet et la nature de ces opérations de trésorerie, le montant des charges d'intérêts et de remboursement des bons sera écarté du calcul de l'annuité de rachat. Il doit d'ailleurs être entendu que l'État, dont l'autorisation est nécessaire pour l'émission de ces bons, devra assurer à partir du rachat, le service de leurs intérêts et de leur remboursement.

Comme conséquence, l'État n'aura rien à payer, en cas de rachat ou en fin de concession, pour la part des approvisionnements qui serait encore, à cette date, couverte par des bons.

D'autre part, pour le calcul des cinquantièmes à effectuer en cas de rachat ou en fin de concession, en vertu des quatorzième et dix-septième alinéas de l'article 21 de la Convention nouvelle, on considérera comme année d'imputation celle pendant laquelle les bons affectés temporairement à des dépenses de travaux neufs, de travaux complémentaires ou de matériel roulant ont été remplacés par des obligations du type défini à l'article 16. Il en résulte que le nombre des cinquantièmes sera égal à zéro pour les dépenses de l'espèce qui, au moment du rachat ou en fin de concession, seraient encore couvertes par des bons.

Vous avez bien voulu nous demander comment seraient traitées, sous le nouveau régime, les émissions que nous pourrions être amenés à faire à l'étranger, avec des obligations d'un type différent de celui prévu à l'article 16 de la Convention. Nous avons l'honneur de vous faire connaître que nous sommes d'accord pour que chacune de ces opérations fasse l'objet d'une entente spéciale avec le Gouvernement.

Enfin, vous avez bien voulu nous faire connaître que les Commissions parlementaires qui étudient le nouveau régime des Chemins de fer vous ont demandé s'il ne serait pas possible d'établir des tarifs mixtes entre le chemin de fer et la navigation intérieure, et vous avez insisté très vivement auprès de nous pour que nous prenions l'engagement de réaliser cette réforme lorsque la Convention du 28 juin 1921 sera entrée en vigueur.

Nous nous sommes empressés d'examiner cette importante question avec le désir de lui donner la solution que vous attendez et nous avons jugé possible de prendre l'engagement demandé sous les conditions suivantes :

1° Les tarifs communs seraient étudiés avec les transporteurs par eau qui accepteraient de soumettre leurs tarifs et les conditions d'application de ces tarifs à votre homologation et qui admettraient un contrôle de votre part en vue de vérifier l'application et la perception régulière des taxes ;

2° Les tarifs communs s'appliqueraient aux matières pondéreuses classées dans les cinquième et sixième séries de notre tarification ;

3° Les transports mixtes feront l'objet d'une lettre de voiture unique et devront emprunter la navigation sur d'assez longs parcours pour permettre d'obtenir, grâce à eux, une économie d'au moins 5 % par rapport à la taxe calculée de bout en bout par voie ferrée. Nous avions pensé qu'un écart minimum de 10 % serait très raisonnable ; mais, devant votre nsistance, Monsieur le Ministre, nous consentons à diminuer cet écart et à le ramener à 5 % ainsi que nous venons de le dire ;

4° Les taxes des tarifs communs seraient ventilées entre les réseaux de Chemins de fer et les transporteurs par eau en partant du principe général que la réduction proportionnelle soit la même pour la taxe homologuée applicable au trajet effectué en chemin de fer et pour la taxe homologuée applicable au trajet effectué par voie d'eau.

Noux acceptons d'ailleurs que les tarifs communs avec la navigation intérieure soient assimilés à tous égards à nos tarifs spéciaux. Nous pensons ainsi répondre complètement à vos intentions.

Nous vous serions reconnaissants, Monsieur le Ministre, de vouloir bien nous confirmer votre accord sur toutes les questions traitées dans la présente lettre.

Veuillez agréer, etc.

Le Président du Conseil
d'Administration de la Compagnie
des Chemins de fer de l'Est,
Signé : GOMEL.

Le Président du Conseil
d'Administration de la Compagnie
du Chemin de fer du Nord.
Signé : DE ROTHSCHILD.
GRIOLET.

Pour le Président du Conseil
d'Administration de la Compagnie
des Chemins de fer de Paris à Lyon
et à la Méditéerranée,
Signé : GIROD DE L'AIN.

Le Président du Conseil
d'Administration de la Compagnie
du Chemin de fer de Paris à Orléans,
Signé : CH. VERGÉ.

Le Président du Conseil
d'Administration de la Compagnie
des Chemins de fer du Midi,
Signé : G. TEISSIER.

Le Président du Syndicat
des Chemins de fer de Grande Ceinture
de Paris,
Signé : PÉROUSE.

Le Président du Syndicat
des Chemins de fer de Petite Ceinture de Paris.
Signé : GOMEL.

LOI (1)

du 21 Avril 1922

portant 1° annulation de crédits sur l'exercice 1921 au titre du budget ordinaire ; 2° ouverture et annulation de budget annexe des Chemins de fer de l'Etat.

(Journal Officiel du 21 avril 1922.)

ART. 16.

Le Ministre des Travaux Publics est autorisé à demander à la Compagnie des Chemins de fer du Midi d'avancer à l'État, en sus du maximum de 243 millions de francs fixé par l'article 11 de la Convention annexée à la loi du 20 novembre 1883 et par l'article premier de la Convention annexée à la loi du 25 mars 1898, les sommes destinées aux dépenses à effectuer par l'État pour les lignes concédées dans les conditions de la Convention de 1883, jusqu'à concurrence d'une somme maxima de 36 millions de francs pour chacun des exercices 1922 et 1923.

---

(1) La loi ci-dessus a été approuvée par l'Assemblée générale extraordinaire, du 7 avril 1922, comme suit :

L'Assemblée générale consultée :

1° *Autorise le versement à l'État, en sus du maximum de 243 millions de francs fixé par l'article 11 de la Convention du 9 juin 1883, d'avances destinées aux dépenses à effectuer par l'État pour les lignes concédées dans les conditions de la Convention de 1883, jusqu'à concurrence d'une somme maximum de 36 millions pour chacun des exercices 1922 et 1923 et de 25 millions pour chacun des exercices suivants ;*

2° *Donne au Conseil d'Administration tous pouvoirs pour réaliser ces avances, et notamment pour contracter tous emprunts nécessaires.*

DÉCRET

du 4 Septembre 1922

(Journal Officiel du 9 septembre 1922.)

Le Président de la République Française,

Sur le rapport du Ministre des Travaux Publics et des Transports,

Vu la Convention du 19 février 1913, approuvée par la loi du 23 mars 1914, qui a concédé à la Compagnie des Chemins de fer du Midi, à titre éventuel et sous réserve de la déclaration d'utilité publique à intervenir, le Chemins de fer d'intérêt général à voie étroite de Bourg-Madame à la gare frontière française de la ligne transpyrénéenne d'Ax-les-Thermes, à Ripoll ;

Vu l'avant-projet relatif à l'établissement de ladite ligne ;

Vu les pièces de l'enquête d'utilité publique ouverte sur cet avant-projet dans le département des Pyrénées-Orientales, notamment le procès-verbal de la Commission d'enquête en date du 15 juillet, 16 août 1915 et les annexes à ce procès-verbal ;

Vu la délibération de la Chambre de Commerce de Perpignan, en date du 10 août 1915 ;

Vu les délibérations du Conseil général des Pyrénées-Orientales, en date des 12 avril 1915 et 2 mai 1921 ;

Vu la lettre de la Compagnie des Chemins de fer du Midi, en date du 30 décembre 1915, ensemble la lettre du Président du Conseil d'Adminisnistration de la Compagnie des Chemins de fer du Midi, en date du 20 juillet 1922.

Vu les avis du Conseil général des Pont et Chaussées en date des 19 janvier 1916 et 11 janvier 1922 ;

Vu les avis du Ministre des Finances, en date des 14 janvier 1921, 6 février et 24 août 1922 ;

Vu la loi du 3 mai 1841 sur l'expropriation pour cause d'utilité publique;

Vu la loi du 27 juillet 1870 ;

Vu la loi du 29 octobre 1921 relative au nouveau régime des Chemins de fer d'intérêt général, ensemble la Convention en date du 28 juin 1921 notamment l'article 10 ;

Le Conseil d'État entendu,

Décrète :

ARTICLE PREMIER.

Est déclaré d'utilité publique, à titre d'intérêt général, l'établissement du chemin de fer à voie étroite, de Bourg-Madame, à la gare frontière française de la ligne transpyrénéenne d'Ax-les-Thermes à Ripoll.

En conséquence, la concession de ce chemin de fer, faite à titre éventuel à la Compagnie des Chemins de fer du Midi par la Convention du 19 février 1913, approuvée par la loi du 23 mars 1914, est déclarée définitive.

La construction de la ligne aura lieu dans les conditions prévues à l'article 10 de la Convention du 28 juin 1921 approuvée par la loi du 29 octobre 1921.

ART. 2.

Viendront en déduction des dépenses à la Charge de l'État pour l'établissement dudit chemin de fer, les subventions qui ont été ou qui seront offertes par le Département, les Communes ou les propriétaires intéressés.

ART. 3.

Il est pris acte de l'engagement souscrit par le Conseil général du département des Pyrénées-Orientales dans sa délibération des 12 aril 1915 et 2 mai 1921, d'acquérir les terrains nécessaires à l'établissement des chemins de fer dont il s'agit.

Pour l'expropriation de ces terrains le département des Pyrénées-Orientales est substitué aux droits comme aux obligations qui dérivent pour l'État de la loi du 3 mai 1841.

ART. 4.

Le Ministre des Travaux Publics est chargé de l'exécution du présent décret, qui sera publié au *Journal officiel* de la République Française et inséré au *Bulletin des Lois.*

Fait à Rambouillet, le 4 septembre 1922.

Signé : A. MILLERAND.

Par le Président de la République :

Le Ministre des Travaux Publics,

Signé : YVES LE TROCQUER.

LOI

du 30 Mars 1923

portant modification des conditions d'établissement et d'exploitation, dans les départements du Tarn et de la Haute-Garonne, des voies ferrées d'intérêt local de Castres à Toulouse, avec embranchement du Pont-de-l'Hers à Croix-Daurade et de Castres à Revel ; et approuvant les nouvelles conditions de la garantie d'intérêts accordée à l'entreprise par la Compagnie des Chemins de fer du Midi.

(Journal officiel des 2-3-4 avril 1923.)

Le Sénat et la Chambre des Députés ont adopté,

Le Président de la République promulgue la loi dont la teneur suit :

ARTICLE PREMIER.

Est reporté au 13 août 1927 le terme du délai fixé par l'article premier de la loi du 13 août 1914 pour les expropriations nécessaires à l'établissement, dans les départements du Tarn et de la Haute-Garonne, des voies ferrées d'intérêt local de Castres à Toulouse, avec embranchement du Pont-de-l'Hers à Croix-Daurade et de Castres à Revel, dont l'utilité publique a été déclarée par ladite loi.

ART. 2.

Les départements du Tarn et de la Haute-Garonne sont autorisés à pourvoir à la construction et à l'exploitation des voies ferrées dont il s'agit, suivant les dispositions de la loi du 31 juillet 1913 et conformément aux clauses et conditions :

1° De la Convention passée, le 3 mai 1922, entre les départements du Tarn et de la Haute-Garonne ;

2° Des deux Conventions passées, le 22 janvier 1923, l'une entre le département du Tarn, l'autre entre le département de la Haute-Garonne et MM. Giros et Cie, pour la concession de sections de lignes situées dans chaque département, ainsi que de la série des prix principaux, de la série des prix supplémentaires et du cahier des charges annexés à ces Conventions.

Lesdites Conventions, séries de prix et cahier des charges annulent et remplacent ceux du 20 juin 1914 qui sont annexés à la loi précités du 13 août 1914.

Une copie certifiée conforme de ces nouveaux actes restera annexée à la présente loi.

ART. 3.

Pour l'application des dispositions du titre II de la loi du 31 juillet 1913 et de la loi du 28 avril 1920, le maximum du capital de premier établissement à la charge des départements est porté :

1° A la somme de dix-neuf millions cinquante-et-un mille francs (19.051.000 fr.) pour les sections des lignes susvisées comprises dans le département du Tarn ;

2° A la somme de dix millions huit cent trente-sept mille cinq cents francs (10.837.500 fr.) pour les sections desdites lignes situées dans le département de la Haute-Garonne.

Le maximum de la charge annuelle du Trésor, calculée dans les conditions prévues par la loi du 28 avril 1920 et le règlement d'administration publique du 18 septembre 1920, ne pourra dépasser la somme de six cent mille francs (600.000 fr.) pour les sections situées dans le département du Tarn, et la somme de cent quatre-vingt mille francs (180.000 fr.) pour les sections situées dans le département de la Haute-Garonne.

ART. 4.

Sont approuvées :

1° La Convention passée, le 25 janvier 1923, entre la Compagnie des Chemins de fer du Midi et MM. Giros et Cie, et par laquelle ladite Compagnie accorde une garantie d'intérêt aux lignes susvisées de Castres à Toulouse, avec embranchement du Pont-de-l'Hers à Croix-Daurade, et de Castres à Revel ;

2° La Convention passée, le 31 janvier 1923, entre le Ministre des Travaux Publics, au nom de l'État, et la Compagnie des Chemins de fer du Midi, pour autoriser l'engagement pris par cette dernière.

Lesdites Conventions annulant et remplaçant celles du 25 juin 1914 approuvées par la loi du 13 août suivant.

Une copie certifiée conforme de ces nouvelles Conventions restera annexée à la présente loi.

ART. 5.

L'enregistrement des conventions et cahier des charges mentionnés aux art. 2 et 4 ne donnera lieu qu'à la perception du droit fixe de 6 francs.

La présente loi, délibérée et adoptée par le Sénat et par la Chambre des Députés, sera exécutée comme loi de l'État.

Fait à Rambouillet, le 30 mars 1923.

A. MILLERAND.

Par le Président de la République :

Le Ministre des Travaux Publics,	*Le Ministre des Finances,*
YVES LE TROCQUER.	CH. DE LASTEYRIE.

CONVENTION [1]

entre la Compagnie des Chemins de fer du Midi et MM. A. Giros et Cie, concessionnaires d'un réseau d'intérêt local dans les départements du Tarn et de la Haute-Garonne.

L'an 1923 et le 25 janvier,

Entre la Société Anonyme établie à Paris, sous la dénomination de Compagnie des Chemins de fer du Midi, représentée par M. Georges Teissier, président du Conseil d'Administration, élisant domicile au siège de ladite Société, boulevard Haussmann, n° 54, à Paris, agissant en vertu des pouvoirs qui lui ont été conférés par délibération du Conseil d'Administration en date du 12 mai 1922,

D'une part,

Et MM. A Giros et Cie, demeurant à Paris, rue du faubourg Saint-Honoré, n° 56, concessionnaires d'un réseau d'intérêt local dans les départements du Tarn et de la Haute-Garonne,

D'autre part,

Il a été convenu ce qui suit :

ARTICLE PREMIER.

MM. A. Giros et Cie ont obtenu en principe la concession dans les départements du Tarn et de la Haute-Garonne, d'un réseau de voies ferrées d'intérêt local à voie de 1 mètre comprenant les lignes de Castres à Toulouse et de Castres à Revel.

La Compagnie des Chemins de fer du Midi, désireuse de se prêter à l'établissement des lignes susvisées a consenti, sous les réserves mentionnées ci-après, à accorder une garantie d'intérêt à ces lignes.

Cette garantie s'étendra, en outre, s'il y a lieu, aux usines génératrices d'énergie électrique qui pourront être construites par le concessionnaire pour alimenter les lignes ci-dessus, ainsi qu'aux stations de transformation et aux lignes de transport de l'énergie électrique.

---

(1) Convention approuvée par l'Assemblée générale extraordinaire du 4 avril 1924. (Voir note, page 138.)

ART. 2.

En cas d'insuffisance des recettes de toute nature des lignes mentionnées à l'article ci-dessus, et le cas échéant, des usines génératrices, y compris les versements faits par le compte d'attente, déduction faite des impôts sur les transports, des prélèvements opérés par la Compagnie du Midi, conformément à l'article 5 ci-après, et, s'il y a lieu, de la part desdites recettes attribuée aux départements par les Conventions de concession, pour faire face aux dépenses et charges suivantes :

1° Dépenses d'exploitation et d'entretien de toute nature afférentes auxdites lignes, y compris les frais d'administration, les impôts, les loyers et, s'il y a lieu, les frais d'exploitation payés à la Compagnie du Midi et à d'autres Compagnies pour les gares de jonction avec leurs réseaux, les dépenses realtives, le cas échéant, à l'achat de l'énergie électrique, les frais de contrôle, les dépenses relatives aux accidents de toute nature : pertes, avaries, retards, incendies, etc., les allocations pour retraites, institutions de prévoyance et secours et les prélèvements destinés à la constitution du fonds de renouvellement et du fonds spécial de réserve prévus par les Conventions de concession, lesdites dépenses contrôlées et arrêtées par la Compagnie des Chemins de fer du Midi ;

2° Charges d'intérêt et d'amortissement, sous la réserve formulée pour l'amortissement au dernier alinéa du présent article, du capital-actions engagé par le concessionnaire, charges qui seront calculées au taux de l'intérêt des avances sur titres de la Banque de France, à l'époque de la constitution de ce capital-actions ;

3° Charges effectives (intérêts, amortissement et frais accessoires) des emprunts que le concessionnaire aura pu être autorisé à contracter pour l'établissements de lignes susmentionnées, la fourniture du matériel roulant et de l'outillage, la construction des usines génératrices et stations de transformation et l'établissement des lignes de transport d'énergie, ainsi que pour l'exécution des travaux complémentaires de toute nature, dans les conditions prévues par les Conventions de concession, sans que le montant du capital-actions et des emprunts susvisés puisse dépasser le chiffre de 5.700.000 francs, dont 400.000 francs réservés aux travaux complémentaires.

La Compagnie des Chemins de fer du Midi payera la différence à titre d'avance.

Si, au contraire, les recettes, déduction faite des impôts sur les transports, des prélèvements opérés par la Compagnie du Midi et, s'il y a lieu, de la part desdites recettes versées au compte d'attente ou attribuées au département. sont supérieures au montant cumulé des dépenses et charges susdéfinies, l'excédent sera affecté au remboursement des avances faites par la Compagnie des Chemins de fer du Midi, par application des dispositions du présent article, majorées des intérêts simples au taux de 6 % l'an.

Après le remboursement desdites avances. ou dès le premier exercice, si le concessionnaire ne fait pas appel à la garantie de la Compagnie des Chemins de fer du Midi, les excédents seront affectés à l'augmentation allant jusqu'au taux de un pour cent l'an, de l'intérêt à servir au capital-actions.

Dès que ce taux de 1 % sera dépassé, le surplus desdits excédents sera partagé par moitié entre la Compagnie des Chemins de fer du Midi et le concessionnaire.

L'amortissement du capital-actions ne pourra commencer qu'après la cinquième année d'exploitation de l'ensemble des lignes dénommées à l'article 1er de la présente Convention, à moins que le concessionnaire n'ait, avant cette époque, totalement remboursé à la Compagnie des Chemins de fer du Midi sa dette du chef de la garantie. Dans ce dernier cas, l'amortissement commencera de droit deux ans après la fin de ce remboursement.

ART. 3.

Les projets de construction des lignes, et, s'il y a lieu, des usines ainsi que des stations de transformation et des lignes de transport d'énergie, les marchés à passer pour la fourniture de matériel fixe et du matériel roulant et aussi les projets des travaux complémentaires seront soumis, avant leur approbation par l'autorité compétente, à l'acceptation de la Compagnie des Chemins de fer du Midi qui se réserve de plus le droit de contrôler la bonne exécution de ces travaux et fournitures, ainsi que les comptes des dépenses.

En ce qui concerne les usines génératrices et les lignes de transport d'énergie il est spécifié qu'elles ne devront comporter à la charge du concessionnaire que les installations nécessaires pour le service des lignes de Castres à Toulouse et de Castres à Revel.

Si la vente des excédents d'énergie que laisseront cependant disponibles les besoins susvisés exigeait l'établissement d'installations spéciales, celles-ci seraient à la charge exclusive des tiers intéressés.

ART. 4.

La Compagnie des Chemins de fer du Midi recevra dans ses gares de Toulouse et de Revel, si le concessionnaire le demande, les lignes faisant l'objet de la présente Convention. Elle prendra, en outre, les mesures propres à faciliter l'échange du trafic avec son réseau à Castres.

Les modifications et, s'il y a lieu, les agrandissements à faire subir à cet effet aux dites gares, ainsi que les aménagements particuliers à y effectuer, après accord préalable entre la Compagnie du Midi et le concessionnaire et conformément à l'approbation du Ministre des Travaux Publics, seront à la charge exclusive dudit concessionnaire.

Pour les travaux exécutés aux frais du concessionnaire par la Compagnie du Midi, les dépenses réellement faites seront majorées de 15 % pour frais généraux et surveillance.

ART. 5.

Pour tenir compte à la Compagnie du Midi du trafic qui lui revient légitimement entre les localités de Castres, Toulouse et Revel, déjà reliées par ses rails, il est expressément convenu ce qui suit :

MM. A. Giros et Cie abandonneront à la Compagnie du Midi, 20 %. de la recette, impôts déduits, sur les voyageurs et les bagages ayant affectué, sur leur ligne, le trajet de Castres à Toulouse ou *vice versa.*

Les autres transports en grande vitesse et tous les transports en petite vitesse entre deux quelconques des localités de Castres, Toulouse et Revel appartiendront à la Compagnie du Midi, qui acheminera ces transports par ses propres rails en leur appliquant, si elle est plus économique, la taxe correspondant à l'emprunt des lignes faisant l'objet de la présente convention.

Au cas où, pour une raison quelconque, et nonobstant la stipulation de l'alinéa qui précède, certains transports, en grande ou en petite vitesse, seraient effectivement acheminés entre deux localités susvisées par les lignes d'intérêt local de Castres à Toulouse ou de Castres à Revel, le concessionnaire reversera à la Compagnie du

Midi 60 % de la recette desdits transports, déduction faite des frais accessoires correspondants aux services effectivement rendus par lui. La Compagnie du Midi et MM. A. Giros et Cie se concerteront, s'il y a lieu, pour déterminer les cas où la clause ci-dessus recevra normalement son application.

Il est entendu que les dispositions du présent article concernent tous les transports (voyageurs, bagages, grande et petite vitesse) ayant leur origine et leur terminaison dans le périmètre des Communes de Castres, Toulouse et Revel, même si les lignes d'intérêt local comprennent plusieurs stations, haltes ou arrêts dans les limites de ce périmètre. Il est également précisé qu'elles sont applicables au transport en provenance ou à destination des audelà des susdites localités, aussi bien que de ces localités elles-mêmes, quelle qu'ait été jusque-là ou quelle que doive être ensuite la voie d'acheminement de ces transports.

MM. A. Giros et Cie donneront à la Compagnie du Midi les facilités nécessaires pour que celle-ci soit à même de contrôler l'exécution des conditions stipulées au présent article.

ART. 6.

Aucune modification aux tarifs appliqués sur les lignes faisant l'objet de la présente Convention ne pourra être proposée à l'autorité compétente qu'avec l'autorisation de la Compagnie des Chemins de fer du Midi.

Le concessionnaire devra, en outre, se conformer aux indications que la Compagnie des Chemins de fer du Midi pourra lui donner au sujet des modifications qu'elle voudrait voir apporter auxdits tarifs.

ART. 7.

Le concessionnaire ne pourra confier à un tiers l'exploitation de tout ou partie des lignes faisant l'objet de la présente Convention ni, inversement, se charger de l'exploitation des lignes concédées à un tiers sans l'autorisation de la Compagnie du Midi.

ART. 8.

Avant de proposer à l'agrément de l'administration la Société Anonyme que les Conventions l'obligent à se substituer dans le délai de six mois à compter de la léclaration d'utilité publique, le concessionnaire devra soumettre à l'acceptation de la Compagnie des Chemins de fer du Midi les statuts de cette Société.

ART. 9.

La présente Convention remplace et annule la Convention du 25 juin 1914, passée entre la Compagnie du Midi et MM. Giros et Loucheur.

ART. 10.

La présente Convention ne deviendra définitive qu'autant qu'elle aura été approuvée par une loi avant le 1er janvier 1924 et par l'Assemblée générale des Actionnaires de la Compagnie des Chemins de fer du Midi dans le délai d'une année après la promulgation de ladite loi.

Elle expirera le 31 décembre 1960, en même temps que la concession de la Compagnie des Chemins de fer du Midi.

ART. 11.

Les frais de timbre et d'enregistrement de la présente Convention seront supportés par le concessionnaire.

Fait à Paris, les jour, mois et an que dessus.

Lu et approuvé :	Lu et approuvé :
Signé : G. TEISSIER.	*Signé :* A. GIROS ET Cie.

CONVENTION [1]

entre le Ministère des Travaux Publics et la Compagnie des Chemins de fer du Midi relative à la garantie d'intérêt accordée par cette Compagnie à un réseau d'intérêt local à établir dans les départements du Tarn et de la Haute-Garonne.

L'an mil-neuf-cent-vint-trois et le 31 janvier,

Entre le Ministre des Travaux Publics, agissant au nom de l'État, et sous réserve de l'approbation des présentes par une loi.

D'une part,

Et la Société Anonyme établie à Paris, sous la dénomination de Compagnie des Chemins de fer du Midi, représentée par M. Georges Teissier, Président du Conseil d'Administration, élisant domicile au siège de ladite société, boulevard Haussmann, n° 54, à Paris, et agissant en vertu des pouvoirs qui lui ont été conférés par délibération du Conseil d'Administration en date du 12 mai 1922, et sous la réserve de la ratification des présentes par l'Assemblée générale des actionnaires dans le délai d'une année après la promulgation de la loi d'approbation.

D'autre part,

Il a été exposé ce qui suit :

La Compagnie des Chemins de fer du Midi, désireuse de se prêter à l'établissement d'un réseau de voies ferrées d'intérêt local à voie d'un mètre, comprenant les lignes de Castres à Toulouse et de Castres à Revel, s'est, sous réserve de l'approbation des pouvoirs publics, engagée par une Convention du 25 janvier 1923, passée avec MM. Giros et Cie, concessionnaires desdites lignes, à accorder une garantie d'intérêt à celles-ci.

Cet engagement a pour objet de garantir, aux conditions stipulées dans ladite Convention pour les lignes susdénommées, et, le cas échéant, pour les usines génératrices d'énergie électrique destinées à les alimenter, ainsi que pour les stations de trans-

---

(1) Convention approuvée par l'Assemblée générale extraordinaire du 4 avril 1924. (Voir note page 138.)

formation et les lignes de transport d'énergie électrique, les insuffisances d'exploitation, s'il y a lieu, l'intérêt, et, s'il y a lieu, l'amortissement du capital-actions engagé par les concessionnaires, au taux des avances sur titres de la Banque de France à l'époque de la constitution dudit capital-actions, ainsi que les charges effectives (intérêts, amortissements et frais accessoires) des emprunts qu'ils pourraient contracter, après due autorisation, sans que le montant cumulé dudit capital-actions et desdits emprunts puisse excéder le chiffre de 5.700.000 francs dont 400.000 francs réservés aux travaux complémentaires.

En retour, et par la même Convention, MM. Giros et Cie se sont engagés à rembourser à la Compagnie du Midi, sur les excédents de recettes définis à l'article 2 de la susdite Convention, les avances, augmentées des intérêts à 6 % l'an, qu'elle leur aura faites, et de partager ensuite avec elle dans les conditions prévues auxdits articles les bénéfices éventuels de l'exploitation.

Cela étant, il a été convenu ce qui suit :

Article premier

Les sommes payées à titre de garantie par la Compagnie des Chemins de fer du Midi seront prélevées sur les sommes réservées aux Actionnaires par l'article 15 de la Convention du 28 juin 1921, approuvée par la loi du 29 octobre 1921. Toutefois, ce prélèvement n'aura lieu que jusqu'à clôture du compte spécial institué par l'article 2 ci-après.

Art. 2.

Il sera ouvert par la Compagnie des Chemins de fer du Midi un compte spécial au débit duquel seront portées les sommes payées par elle chaque année, à titre de garantie, pour les lignes de Castres à Toulouse et de Castres à Revel.

Ce compte spécial sera crédité à la fin de chaque exercice, savoir :

1° De l'augmentation des recettes effectuées sur le réseau du Midi, par suite des apports de trafic provenant desdites lignes ;

2° Des versements effectués par les concessionnaires à la Compagnie du Midi, en compensation du trafic détourné par ces lignes, par application de l'article 5 de la Convention du 25 janvier 1923;

3° Des sommes qui, avant la clôture dudit compte, seraient remboursées à la Compagnie des Chemins de Fer du Midi, par application de l'article 2 de ladite Convention, sur le montant des avances de garantie déjà faites par elle pour ces mêmes lignes.

Le calcul de l'augmentation de recettes provenant des apports de trafic se fera, pour chaque section de ligne et pour chaque exercice, en déduisant du montant des recettes (expéditions et arrivages) effectuées pendant l'exercice considéré, par celles des gares du réseau du Midi (Castres, Toulouse, Revel) où arrivera le trafic de ladite section, la moyenne des recettes des trois exercices qui auront précédé la mise en exploitation de cette section, moyenne une fois calculée sans majoration des tarifs de base et augmentée pour la comparaison avec chaque exercice dans le même rapport que les tarifs dudit exercice.

Les dépenses et les recettes de ce compte spécial seront majorées de leurs intérêts à 3,5 % l'an.

ART. 3.

Pendant l'exploitation partielle des lignes de Castres à Toulouse et de Castres à Revel, la Compagnie des Chemins de fer du Midi aura la faculté de porter en recette à son réseau les soldes créditeurs du compte spécial institué par l'article 2 ci-dessus. Lorsque, après la mise en exploitation de l'ensemble desdites lignes, ce compte spécial sera resté créditeur pendant cinq années consécutives, ce compte sera définitivement clos. Après cette clôture, la Compagnie des Chemins de Fer du Midi portera, à son compte annuel d'exploitation, les dépenses résultant pour elle de l'article 2 de la Convention du 25 janvier 1923 avec MM. Giros et Cie, et confondra dans l'ensemble des recettes de son réseau le solde créditeur du compte, les augmentations de recettes et les versements des concessionnaires visés à l'article 2 ci-dessus, ainsi que les remboursements qui seront effectués par ces concessionaires sur le montant des avances de garantie faites au titre desdites lignes et, enfin, la part qui reviendra à la Compagnie du Midi dans les bénéfices de ces lignes.

ART. 4.

La Compagnie des Chemins de fer du Midi est autorisée à percevoir, dans les conditions prévues au troisième alinéa de l'article 5 de la Convention intervenue à la date du 25 janvier 1923 entre elle et MM. Giros et Cie, et pour les transports visés audit alinéa, les taxes qui seraient applicables si les transports devaient être normalement acheminés par les lignes à voie étroite faisant l'objet de la présente Convention.

ART. 5.

La Compagnie des Chemins de fer du Midi, avant de donner son adhésion aux projets des usines génératrices et des lignes de transport d'énergie, conformément à l'article 3 de la Convention qu'elle a passée le 25 janvier 1923 avec MM. Giros et Cie, devra soumettre ces projets à l'approbation du Ministre des Travaux Publics.

ART. 6.

Si l'État venait à racheter le réseau des Chemins de fer du Midi, il prendrait à sa charge aux lieu et place de la Compagnie des Chemins de fer du Midi l'exécution de la présente Convention, ainsi que de la Convention passée le 25 janvier 1923 entre ladite Compagnie et MM. Giros et Cie pour tout ce qui concerne les lignes de Castres à Toulouse et de Castres à Revel.

ART. 7.

La présente Convention remplace et annule la Convention passée le 25 juin 1914 entre le Ministre des Travaux Publics et la Compagnie des Chemins de fer du Midi.

Art. 8.

L'enregistrement de la présente Convention, aini que de celle passée le 25 janvier 1923 entre la Compagnie des Chemins de fer du Midi et MM. Giros et Cie ne donnera lieu qu'à la perception du droit fixe de 6 francs.

Fait en double à Paris, les jour, mois et an que dessus.

Lu et approuvé :
Signé : G. TEISSIER.

Lu et approuvé :
Le Ministre des Travaux Publics,
Signé : Yves LE TROCQUER.

NOTE

Les deux Conventions ci-dessus ont été approuvées par l'Assemblée générale extraordinaire, du 4 Avril 1924, comme suit :

L'Assemblée générale consultée :

1° *Approuve la Convention passée le 25 janvier 1923 avec MM. Giros et Cie, concessionnaires de diverses lignes à traction électrique dans le département du Tarn et de la Haute-Garonne, à l'effet d'accorder à ce Réseau une garantie d'intérêt.*

2° *Approuve la Convention passée le 31 janvier 1923 avec M. le Ministre des Travaux Publics relative à cette garantie d'intérêt.*

. . . .

4° *Donne tous pouvoirs au Conseil d'administration pour assurer l'exécution desdites Conventions.*

LOI

du 5 Avril 1923

autorisant une augmentation du capital garanti par la Compagnie des Chemins de fer du Midi à la Société des Voies Ferrées Départementales du Midi.

(Journal officiel du 7 avril 1923.)

Le Sénat et la Chambre des Députés ont adopté,

Le Président de la République promulgue la loi dont la teneur suit :

ARTICLE PREMIER.

Sont approuvés :

1° L'avenant passé le 28 octobre 1921, entre la Compagnie des Chemins de fer du Midi et la Société des Voies Ferrées Départementales du Midi, portant de 19.500.000 francs à 32.000.000 de francs. le montant maximum du capital garanti par la première à la seconde, en vertu de leur Convention du 25 juin 1912, approuvée par la loi du 13 juillet 1912 et modifiée par l'avenant du 22 mars 1919, approuvé par la loi du 4 janvier 1920 ;

2° L'avenant passé le 16 décembre 1922 entre le Ministre des Travaux Publics, au nom de l'État, et la Compagnie des Chemins de fer du Midi, modifiant aux mêmes fins la Convention du 27 juin 1912 et l'avenant du 22 mars 1919, approuvés par les lois susvisées.

Ces avenants resteront annexés à la présente loi.

Art. 2.

L'enregistrement de chacun des avenants mentionnés à l'article premier ci-dessus ne donnera lieu qu'à la perception du droit fixe de 6 fr.

La présente loi, délibérée et adoptée par le Sénat et par la Chambre des Députés, sera exécutée comme loi de l'État.

Fait à Rambouillet, le 5 avril 1923.

A. MILLERAND.

Par le Président de la République :

Le Ministre des Travaux Publics,
Yves LE TROCQUER.

Le Ministre des Finances,
Ch. de LASTEYRIE.

AVENANT [1]

à la Convention du 25 juin 1912, relative à la garantie d'intérêt de diverses lignes d'intérêt local et de tramways dans les départements des Basses-Pyrénées et des Landes.

L'an mil neuf cent vingt et un et le 28 octobre.

Entre la Société Anonyme établie à Paris, sous la dénomination de Compagnie des Chemins de fer du Midi, représentée par M. Teissier, Président du Conseil d'Administration, élisant domicile au Siège de ladite Société, boulevard Haussmann, n° 54, à Paris, et agissant en vertu des pouvoirs qui lui ont été conférés par délibération du Conseil d'Administration en date du 11 octobre 1921,

D'une part,

Et la Société Anonyme des Voies Ferrées Départementales du Midi, représentée, par M. Paul, Vice-président du Conseil d'Administration élisant domicile au siège de ladite Société, agissant en vertu des pouvoirs qui lui ont été conférés par délibération du Conseil d'Administration en date du 30 septembre 1921,

D'autre part,

Il a été exposé ce qui suit :

Par une Convention en date du 25 juin 1912, intervenue entre la Compagnie des Chemins de fer du Midi et MM. Ader, Giros et Loucheur, agissant comme concessionnaire de diverses lignes d'intérêt local et de tramways dans les départements des Basses-Pyrénées et des Landes, la Compagnie des Chemins de fer du Midi a accordé sa garantie auxdites lignes, savoir :

1° Saint-Jean-de-Luz à Peyrehorade avec embranchement d'Ascain à Sare ;

2° Saint-Palais à Saint-Jean-Pied-de-Port, avec embranchement de Saint-Jean-le-Vieux à Mendives ;

3° Chemin de fer à crémaillère de la Rhune ;

4° Bayonne à Hendaye par la Barre et Biarritz.

---

(1) Avenant approuvé par l'Assemblée générale extraordinaire du 20 avril 1923. (Voir note page 144.)

Cette garantie s'étendait en outre à l'usine hydro-électrique de Licq-Atherey, destinée à alimenter les lignes précitées, ainsi qu'aux lignes de transport de l'énergie électrique.

Un décret du 2 juillet 1914 a approuvé ultérieurement la substitution à MM. Ader, Giros et Loucheur d'une Société Anonyme constituée sous la dénomination de Société des Voies Ferrées Départementales du Midi.

Cette Société ayant demandé à la Compagnie du Midi de porter à 32 millions de francs le maximum du capital garanti fixé à 16.500.000 francs par la Convention du 25 juin 1912 précitée, et à 19.500.000 francs par l'avenant du 22 mars 1919 la Compagnie du Midi a consenti à élever au chiffre demandé le maximum du capital garanti.

En conséquence, il a été convenu ce qui suit :

Article premier

Le montant maximum du capital garanti fixé à seize millions cinq cent mille francs (16.500.000 fr.) par l'article 2 de la Convention intervenue le 25 juin 1912 entre la Compagnie des Chemins de fer du Midi et MM. Ader, Giros et Loucheur, et à dix-neuf millions cinq cent mille francs (19.500.000 fr.) par l'Avenant du 22 mars 1919 à cette Convention, est porté au chiffre de trente-deux millions de francs (32.000.000 de francs).

Art. 2.

Le présent Avenant ne deviendra définitif qu'autant qu'il aura été approuvé par une loi dans le délai de deux années après sa signature et par l'Assemblée générale des Actionnaires de chacune des Sociétés contractantes dans le délai d'une année après la promulgation de ladite loi.

Art. 3.

Les frais d'enregistrement du présent Avenant seront à la charge de la Société Anonyme des Voies Ferrées Départementales du Midi.

Fait à Paris, les jour, mois et an que dessus.

Lu et approuvé :
Signé : TEISSIER.

Lu et approuvé :
Signé : PAUL.

AVENANT [1]

à la Convention du 27 juin 1912, entre le Ministre des Travaux Publics, des Postes et des Télégraphes et la Compagnie des Chemins de fer du Midi, relative à la garantie d'intérêt accordée par cette Compagnie à divers Chemins de fer d'intérêt local et de tramways des départements des Basses-Pyrénées et des Landes.

L'an mil neuf cent vingt-deux et le 16 décembre,

Entre le Ministre des Travaux Publics, agissant au nom de l'État et sous la réserve de l'approbation des présentes par une loi,

D'une part,

Et la Société Anonyme établie à Paris, sous la dénomination de Compagnie des Chemins de fer du Midi, représentée par M. Georges Teissier, Président du Conseil d'Administration, élisant domicile au Siège de ladite Société, boulevard Haussmann, n° 54, à Paris, et agissant en vertu des pouvoirs qui lui ont été conférés par délibération du Conseil d'Administration, en date du 14 octobre 1921, et sous réserve de l'approbation des présentes par l'Assemblée générale des Actionnaires, dans le délai d'une année après promulgation de la loi ci-dessus visée,

D'autre part ;

Il a été exposé ce qui suit :

Une Convention intervenue, le 27 juin 1912, entre le Ministre des Travaux Publics, des Postes et Télégraphes, agissant au nom de l'État, et la Compagnie des Chemins de fer du Midi, et approuvée par la loi du 13 juillet 1912, a approuvé les conditions de l'octroi par ladite Compagnie d'une garantie d'intérêt à diverses lignes d'intérêt local et de tramways des départements des Basses-Pyrénées et des Landes, concédées à MM. Ader, Giros et Loucheur, auxquels il a été depuis régulièrement substitué la Société Anonyme des Voies Ferrées Départementales du Midi.

La Compagnie des Chemins de fer du Midi, par un premier Avenant du 22 mars 1919, approuvé par la loi du 4 janvier 1920, et un deuxième Avenant du 28 octobre 1921, à la Convention intervenue le 25 juin 1912 entre elle et MM. Ader, Giros et Loucheur, pour régler les conditions de l'octroi de la garantie d'intérêt, et approuvée par la loi du 13 juillet 1912 susvisée, a consenti à porter de 16.500.000 francs à 32.000.000 de francs le maximum du capital garanti.

Cela étant, il a été convenu ce qui suit :

---

(1) Avenant approuvé par l'Assemblée générale extraordinaire du 20 avril 1923. (Voir note page 144.)

Article premier.

Il est pris acte par le Ministre des Travaux Publics de l'Avenant du 28 octobre 1921 à la Convention du 25 juin 1912, intervenue entre la Compagnie des Chemins de fer du Midi et la Société Anonyme des Voies Ferrées Départementales du Midi.

Les dispositions de la Convention du 27 juin 1912 restent applicables aux lignes qui en font l'objet, étant entendu que le montant du capital garanti est porté à trente-deux millions de francs (32.000.000 de francs).

Les sommes payées à titre de garantie par la Compagnie des Chemins de fer du Midi, dans les conditions de l'article premier de la Convention précitée du 27 juin 1912, seront prélevées sur les sommes réservées aux Actionnaires par l'article 15 de la Convention du 28 juin 1921.

Pour le calcul de l'augmentation des recettes, défini à l'article 2, alinéa 3, de la Convention du 27 juin 1912, il ne sera pas tenu compte, dans les recettes à comparer, du produit des majorations appliquées aux tarifs de base ; la différence résultant de la comparaison ainsi effectuée sera multipliée par un coefficient obtenu en divisant le total des recettes de l'ensemble des lignes de la Compagnie du Midi pendant l'exercice considéré, compte tenu des majorations appliquées aux tarifs de base, par le total des mêmes recettes calculées sans tenir compte des mêmes majorations.

Art. 2.

L'enregistrement du présent Avenant, ainsi que de l'Avenant passé le 28 octobre 1921 entre la Compagnie des Chemins de fer du Midi et la Société Anonyme des Voies Ferrées Départementales du Midi ne donnera lieu qu'à la perception du droit fixe de 6 francs.

Fait en double à Paris, les jour, mois et an que dessus.

Lu et approuvé :
Signé : Georges TEISSIER.

Lu et approuvé :
Le Ministre des Travaux Publics.
Signé : Yves LE TROCQUER.

NOTE

Les deux Avenants ci-dessus ont été approuvés par l'Assemblée générale extraordinaire, du 20 Avril 1923, comme suit :

L'Assemblée générale consultée :

1° *Approuve l'Avenant à la Convention du 25 juin 1912, passé le 28 octobre 1921 avec la Société des Voies Ferrées Départementales du Midi pour porter de 19.500.000 francs à 32.000.000 de francs le maximum du capital de cette Société garanti par la Compagnie du Midi.*

2° *Approuve l'Avenant à la Convention du 27 juin 1912, passé le 16 décembre 1922 avec le Ministre des Travaux Publics, pour autoriser la Compagnie du Midi à relever le chiffre du capital garanti à la Société des Voies Ferrées Départementales du Midi.*

3° *Donne tous pouvoirs au Conseil d'Administration pour assurer l'exécution de ces Avenants.*

LOI

du 19 Juin 1923

ayant pour objet l'exécution de l'établissement maritime de Verdon.

(Journal officiel du 22 juin 1923.)

Le Sénat et la Chambre des Députés ont adopté,

Le Président de la République promulgue la loi dont la teneur suit :

ARTICLE PREMIER.

Est approuvée la Convention passée, le 6 avril 1922, entre le préfet de la Gironde agissant au nom de l'État, et la Chambre de Commerce de Bordeaux, pour fixer les nouvelles conditions de l'établissement et de l'exploitation de l'établissement du Verdon, concédé à cette Chambre de Commerce en vertu de la Convention du 23 février 1914, approuvée par la loi du 21 avril suivant.

La Convention approuvée ci-dessus restera annexée à la présente loi.

ART. 2.

Est approuvée la Convention passée, les 6-8 avril 1922, entre la Chambre de Commerce de Bordeaux, la Compagnie du Chemin de fer de Paris à Orléans et la Compagnie des Chemins de fer Midi, ayant pour objet :

De former entre elles une association en vue de l'exécution de l'établissement du Verdon, conformément au projet présenté par la Chambre de Commerce de Bordeaux et comportant une dépense évaluée à trente millions de francs pour l'ensemble des ouvrages fixes, de l'outillage et des voies ferrées.

De régler les conditions de la participation financière de chacun des associés pour l'exécution des travaux et l'exploitation ultérieure de l'établissement.

Cette Convention restera annexée à la présente loi.

ART. 3.

La part de dépense à la charge de l'État, s'élevant à quatre millions de francs, sera prélevée sur les crédits inscrits chaque année au budget du Ministère des Travaux Publics pour l'amélioration et l'extension des ports maritimes.

La Chambre de Commerce pourra être tenue d'en faire l'avance au Trésor dans les conditions fixées par l'article 87 de la loi de Finances du 30 avril 1921.

ART. 4.

Pour faire face aux obligations qu'elle assume dans les Conventions susvisées, la Chambre de Commerce de Bordeaux est autorisée à contracter des emprunts dans les conditions fixées par la loi du 9 avril 1898.

Au cas où la part lui revenant dans le produit net de l'exploitation de l'établissement du Verdon, réparti comme il est dit à l'article 7 de la Convention des 6-8 avril 1922 visée à l'article 2 ci-dessus, serait inférieure à ses charges correspondantes d'emprunt, l'insuffisance sera couverte au moyen de l'ensemble des recettes des péages locaux établis à son profit par l'application de l'article 16 de la loi du 7 avril 1902.

ART. 5.

Sont abrogées les dispositions contraires de la loi du 21 avril 1914.

La présente loi, délibérée et adoptée par le Sénat et par la Chambre des Députés, sera exécutée comme loi de l'État.

Fait à Paris, le 19 juin 1923.

A. MILLERAND.

Par le Président de la République :

Le Ministre des Travaux Publics,
YVES LE TROCQUER.

Le Ministre du Commerce et de l'Industrie,
LUCIEN DIOR.

Le Ministre des Finances,
CH. DE LASTEYRIE.

CONVENTION (1)

Pour la construction et l'exploitation de l'avant-port du Verdon.

Entre la Chambre de Commerce de Bordeaux, représentée par M. Etienne Huyard, son Président, agissant en vertu des pouvoirs qui lui ont été conférés par délibération en date du 26 mai 1920 et du 5 avril 1922, et domicilié, en cette qualité, palais de la Bourse, à Bordeaux.

D'une part,

La Compagnie du Chemin de fer de Paris à Orléans, dont le siège social est à Paris, place Valhubert, n° 1, représentée par M. Charles Vergé, Président du Conseil d'Administration, agissant en vertu des pouvoirs qui lui ont été conférés par délibération du Conseil d'Administration en date du 31 mars 1922, et sous réserve de l'approbation par l'assemblée générale des Actionnaires.

D'autre part,

Et la Compagnie des Chemins de fer du Midi dont le siège social est à Paris, boulevard Haussmann, n° 54; représentée par M. Georges Teissier; président du Conseil d'Administration, agissant en vertu des pouvoirs qui lui ont été conférés par délibération du Conseil d'Administration, en date des 26 mars 1920, 20 août 1920, 24 mars 1922 et sous la réserve de l'approbation par l'Assemblée générale des Actionnaires.

Encore d'autre part,

A été convenu et arrêté ce qui suit :

Article premier

Il est formé, entre la Chambre de Commerce de Bordeaux et les Compagnies susdésignées, une association ayant pour objet :

1° La construction et l'exploitation d'un avant-port au Verdon (Gironde) ;

2° L'obtention de toutes concessions à ce relatives ;

(1) Convention approuvée par l'Assemblée générale extraordinaire du 4 avril 1924. (Voir note page 151).

3° L'achat, la vente, l'échange ou la location de tous terrains, l'achat, la construction, la vente, l'échange de tous bâtiments, usines, gares, voies ferrées nécessaires à la construction ou à l'exploitation dudit avant-port ;

4° Et généralement toutes les entreprises et opérations immobilières, mobilières et financières se rattachant à l'objet social.

Cette association est limitée aux opérations prévue par les actes de concession.

ART. 2.

La durée de l'Association sera celle fixée par la concession.

Lors de l'expiration des concessions des Compagnies d'Orléans et du Midi, ou en cas de rachat de l'une ou de l'autre de ces Compagnies, l'État sera, de plein droit, substitué à la ou aux Compagnies dont la concession sera venue à expiration ou qui serait rachetée.

ART. 3.

L'Association sera dirigée par un Comité d'Administration formé du Président de la Chambre de Commerce ou de son délégué comme Président du Comité, d'un membre de cette Compagnie et d'un représentant de chacune des Compagnies du Midi et d'Orléans.

La Chambre de Commerce et les deux Compagnies du Midi et du Paris-Orléans devront en outre désigner, chacune, un délégué suppléant qui pourra assister aux réunions du Comité, mais n'y aura voix délibérative que dans le cas d'absence du délégué principal.

Les décisions seront prises à la majorité des voix.

En cas de partage, la voix du président sera prépondérante.

L'association pourra donner mandat à l'un de ses membres ou à un délégué de son choix, pour diriger en son nom tout ou partie des travaux ou de l'exploitation signer tous marchés ou faire tous actes utiles au fonctionnement de l'association.

ART. 4.

Les travaux seront exécutés d'après les plans adoptés par l'association et approuvés par l'autorité administrative.

Ils consisteront dans l'établissement : 1° en rivière, d'un ouvrage d'accostage, raccordé à la terre par voie ferrée et sur lequel seront installés un bâtiment pour voyageurs et un outillage approprié ; 2° à terre, d'un faisceau de voies, de son raccordement avec les chemins de fer du Midi, dans la gare du Verdon, et de hangars à marchandises.

En application de l'article 3 ci-dessus, il est d'ores et déjà entendu que la Compagnie du Midi assurera, pour le compte de l'Association, l'exploitation de la gare maritime et de l'outillage.

ART. 5.

Les dépenses d'établissement étant évaluées à 30 millions et compte tenu d'une subvention forfaitaire de l'État, de 4 millions, le capital social est fixé à 26 millions. Chacun des associés contribuera à sa constitution dans les proportions suivantes :

La Compagnie des chemins de fer du Midi, 5 millions.

La Compagnie des Chemins de fer d'Orléans, 5 millions,

La Chambre de Commerce, 16 millions.

Ces sommes seront versées par chacun des associés par fractions proportionnelles à leur part contributive dans le capital social, au fur et à mesure de l'avancement des travaux, compte tenu, en ce qui concerne la Chambre de Commerce, des dépenses déjà faites par elle.

Dans le cas où les travaux de premier établissement prévus entraîneraient une dépense supérieure à 30 millions, l'excédent serait réparti entre les associés dans la proportion des apports de chacun dans la constitution du capital social, étant entendu toutefois que la part de cet excédent incombant aux Compagnies ne dépassera pas 500.000 francs, pour chacune et qu'au delà, le cas échéant, le total de l'excédent sera supporté intégralement par la Chambre de Commerce.

Si le montant des dépenses de premier établissement n'atteignait pas la somme de 30 millions, la contribution de chacun serait réduite de la différence dans la proportion de sa contribution au capital social.

Si les installations actuellement prévues devenaient insuffisantes, chacun des associés contribuerait ultérieurement à leur extension ou à leurs modifications dans la proportion de sa contribution à la formation du capital social. Toutefois de nouveaux travaux ne pourront être entrepris que du consentement unanime des associés, à moins que la nécessité n'en soit reconnue par un décret rendu en Conseil d'État, après enquête.

Art. 6.

Les dépenses d'exploitation comprendront les frais d'entretien et d'exploitation de l'avant-port et de la gare maritime majorés des frais généraux. Les charges des emprunts réalisés par chacun des associés lui resteront personnelles.

Les recettes seront constituées par toutes les perceptions faites pour l'usage de l'établissement maritime du Verdon, savoir :

a) Les péages locaux sur les voyageurs, les marchandises et la jauge des navires perçus pour les embarquements et les débarquements opérés au Verdon et qui seront spécialisés au profit de cet établissement.

Les péages locaux sur la jauge comprendront, non seulement l'intégralité des droits de tonnage perçus sur les navires touchant au Verdon, sans remonter en Gironde mais encore pour les navires remontant en Gironde après avoir opéré au Verdon, une part des droits proportionnelle à l'importance des opérations faites au Verdon, chaque voyageur embarqué ou débarqué étant considéré comme équivalent à deux tonnes de marchandises et le calcul étant fait pour le surplus en conformité des dispositions de la loi du 23 décembre 1897 sur la perception du droit de quai ;

b) Les taxes d'outillage et autres pour l'usage du nouvel établissement ;

c) Les taxes de manutention ;

d) Les taxes de transport sur les nouvelles voies de quai ;

e) Les taxes de magasinage pour les marchandises entreposées sous les hangars ou dans les magasins appartenant à l'association et, généralement, tous les produits accessoires, de quelque nature qu'ils soient, provenant des installations de l'Association, tels notamment ceux afférents à des opérations de dédouanement, de transit, etc. ;

f) Les droits de quai dont l'État ferait l'abandon en cas d'institution au port de Bordeaux du régime de l'autonomie, répartis dans la même proportion que les péages locaux sur la jauge visés plus haut.

La perception des taxes d'outillage, des voies de quai, de transport et autres, afférentes aux opérations confiées à la Compagnie du Midi, sera effectuée par celle-ci ; les péages locaux sur les voyageurs, les marchandises et la jauge seront perçus dans les mêmes conditions qu'actuellement pour le compte de la Chambre de Commerce et versés par celle-ci à la Compagnie du Midi chargée de régler les dépenses d'exploication.

ART. 7.

A la fin de chaque année, il sera établi, d'une part, par la Chambre de Commerce, d'autre part, par la Compagnie du Midi, un relevé dûment justifié de toutes les dépenses et de toutes les recettes effectuées au cours de l'exercice.

L'excédent des recettes sur les dépenses constituera le produit net de l'entreprise. Ce produit net sera réparti entre les associés dans l'ordre de priorité ci-après :

1° Aux deux Compagnies de Chemins de fer, jusqu'à concurrence de 5 % du capital engagé par elle ;

2° A la Chambre de Commerce, jusqu'à concurrence de 5 % du capital engagé par elle ;

3° Aux deux Compagnies, jusqu'à concurrence de la somme nécessaire pour achever de couvrir leurs charges réelles de capital dans la limite d'un intérêt supplémentaire de 3,5 % ;

4° A la Chambre de Commerce, jusqu'à concurrence de la somme nécessaire pour achever de couvrir ses charges réelles de capital dans la limite d'un intérêt supplémentaire de 3,5 % ;

5° A chacun des associés, proportionnellement à sa part contributive dans la constitution du capital social.

L'insuffisance éventuelle des recettes par rapport aux dépenses sera supportée par chacun des associés proportionnellement à ladite part contributive.

ART. 8.

Toutes les contestations qui pourraient s'élever entre les parties et qui ne seraient pas de la compétence du Ministre des Travaux Publics seront soumises à l'arbitrage.

En cas de désaccord sur le choix de l'arbitre, la désignation en sera faite par le Président de la section du contentieux du Conseil d'État.

ART. 9.

La présente Convention ne deviendra définitive que :

1° Lorsqu'elle aura été approuvée par une loi modifiant l'acte actuel de concession de l'avant-port du Verdon ;

2° Lorsqu'elle aura été approuvée par la Chambre de Commerce de Bordeaux, par l'Assemblée générale des Actionnaires de la Compagnie d'Orléans et par celle de la Compagnie du Midi.

ART. 10.

La présente Convention sera enregistrée au droit fixe de trois francs.

Les frais d'enregistrement du présent acte seront supportés par tiers par chacune des parties.

Fait en autant d'originaux qu'il y a de parties plus un pour l'enregistrement.

A Bordeaux, le 6 avril 1922, et à Paris, le 8 avril 1922.

Lu et approuvé :
Signé : E. HUYARD.

Lu et approuvé :
Signé : CH. VERGÉ.

Lu et approuvé :
Signé : G. TEISSIER.

NOTE

La Convention ci-dessus a été approuvée par l'Assemblée générale extraordinaire du 4 avril 1924, comme suit :

L'Assemblée générale consultée :

3° *Approuve la Convention passée les 6-8 avril 1922 entre la Chambre de Commerce de Bordeaux, d'une part, la Compagnie du Chemin de fer de Paris-Orléans et la Compagnie des Chemins de fer du Midi d'autre part, pour la construction et l'exploitation de l'avant-port du Verdon (Gironde).*

4° *Donne tous pouvoirs au Conseil d'Administration pour assurer l'exécution desdites Conventions et notamment pour contracter les emprunts nécessaires.*

LOI

du 26 Avril 1924

approuvant la substitution de la Société des Voies Ferrées Départementales du Midi au concessionnaire du tramway de Hendaye-Gare à Hendaye-Plage, et autorisant une augmentation du capital garanti à cette Société par la Compagnie des Chemins de fer du Midi.

(Journal officiel du 6 mai 1924.)

Le Sénat et la Chambre des Députés ont adopté,

Le Président de la République promulgue la loi dont la teneur suit :

ARTICLE PREMIER.

Sont approuvées :

La Convention intervenue, le 29 février 1924, entre le maire de Hendaye, au nom de la ville, d'une part, M. Martinet, et la Société des Voies Ferrées Départementales du Midi, d'autre part, pour régler les conditions de la substitution, à M. Martinet, de la Société des Voies Ferrées Départementales du Midi comme concessionnaire du tramway d'Hendaye-Gare à Hendaye-Plage et, à titre éventuel, d'un ou deux embranchements partant du casino ou du square pour aboutir au sanatorium de la Ville de Paris, lesdites concessions ayant fait l'objet de la Convention du 16 janvier 1913 approuvée par décret du 16 avril 1913 ;

2° La Convention intervenue, le 1er mars 1924, entre la Compagnie des Chemins de fer du Midi et la Société des Voies Ferrées Départementales du Midi, pour porter, en raison de la substitution ci-dessus visée, de 32 millions de francs à 33.400.000 francs le maximum du capital garanti par la première à la seconde en vertu de leur Convention du 25 juin 1912, approuvée par la loi du 13 juillet 1912 et modifiée par les avenants des 22 mars 1919 et 28 octobre 1921, approuvés par les lois des 4 janvier 1920 et 5 avril 1923 ;

3° La Convention intervenue, le 19 mars 1924 entre le Ministre des Travaux Publics, au nom de l'État, et la Compagnie des Chemins de fer du Midi, pour modifier dans les mêmes conditions la Convention du 27 juin 1912 et les avenants des 22 mars 1919 et 16 décembre 1922, approuvés par les lois susvisées.

Une copie certifiée conforme desdites Conventions restera annexée à la présente loi.

Art. 2.

Il est interdit à la Société des Voies Ferrées Départementales du Midi, sous peine de déchéance, d'engager son capital, directement ou indirectement, dans une opération autre que la construction ou l'exploitation des réseaux de voies ferrées d'intérêt local dont elle est concessionnaire ou rétrocessionnaire, sans y avoir été préalablement autorisée par décret délibéré en Conseil d'État.

Art. 3.

L'enregistrement de chacune des Conventions mentionnées à l'article premier ci-dessus ne donnera lieu qu'à la perception du droit fixe de six francs (6 fr.).

La présente loi, délibérée et adoptée par le Sénat et par la Chambre des Députés, sera exécutée comme loi de l'État.

Fait à Rambouillet, le 26 avril 1924.

A. MILLERAND.

Par le Président de la République :

Le Ministre des Travaux Publics, des Ports et de la Marine Marchande,

Yves LE TROCQUER.

Le Ministre des Finances,

F. FRANÇOIS-MARSAL.

CONVENTION (1)

entre la Compagnie des Chemins de fer du Midi et la Société Anonyme des Voies Ferrées Départementales du Midi, approuvant la substitution de cette dernière au concessionnaire des Tramways Urbains de Hendaye et autorisant une augmentation du capital garanti à ladite Société.

L'an 1924 et le 1er mars.

Entre la Compagnie des Chemins de fer du Midi, Société Anonyme établie à Paris, représentée par M. Georges Teissier, Président du Conseil d'Administration, élisant domicile au siège de ladite Compagnie, à Paris, boulevard Haussmann, n° 54, et agissant en vertu des pouvoirs qui lui ont été conférés par délibération du Conseil d'Administration en date du 19 septembre 1919,

D'une part,

Et la Société Anonyme des Voies Ferrées Départementales du Midi, représentée par M. Jean Paul, vice-président du Conseil d'Administration, élisant domicile au siège de ladite Société, à Paris, 54, boulevard Haussmann, et agissant en vertu des pouvoirs qui lui ont été conférés par délibération du Conseil d'Administration en date du 19 septembre 1919,

D'autre part,

Il a été, préalablement aux Conventions qui font l'objet des présentes, exposé ce qui suit :

Par une Convention en date du 25 juin 1912, approuvée par la loi du 13 juillet 1912, la Compagnie des Chemins de fer du Midi a accordé sa garantie d'intérêt à un réseau de voies ferrées départementales et à une usine hydro-électrique concédés à MM. Ader, Giros et Loucheur, dans les départements des Basses-Pyrénées et des Landes.

Par décret du 6 juillet 1914, la Société des Voies Ferrées Départementales du Midi, primitivement dénommée Société des Chemins de fer basques, a été substituée à MM. Ader, Giros et Loucheur en qualité de concessionnaire desdites voies ferrées et usine.

---

(1) Convention approuvée par l'Assemblée générale extraordinaire du 23 avril 1925. (Voir note page 139.)

La Société des Voies Ferrées Départementales du Midi étant, sous réserve de l'approbation de la Compagnie des Chemins de fer du Midi et des pouvoirs publics, devenue concessionnaire en vertu d'une Convention en date du 29 février 1924 avec la ville de Hendaye et avec M. Henry Martinet, des lignes de tramways de la gare de Hendaye à Hendaye-Plage et du casino de Hendaye au sanatorium de la Ville de Paris.

La Compagnie des Chemins de fer du Midi désireuse de faciliter le raccordement du réseau de la Société des Voies Ferrées Départementales du Midi avec la gare de Hendaye, autorise, en ce qui la concerne, ladite Société à accepter la concession des lignes ci-dessus, et consent à étendre à ces lignes sa garantie d'intérêt conformément aux stipulations ci-après :

Article premier.

Les conditions de l'octroi de la garantie de la Compagnie des Chemins de fer du Midi à la ligne de la gare de Hendaye à Hendaye-Plage et à l'embranchement du casino de Hendaye au sanatrium de la Ville de Paris concédé à titre éventuel par la Convention du 16 janvier 1913 défini comme suit dans le paragraphe *a* de l'article premier de ladite Convention (un ou deux embranchements partant du casino ou du square pour aboutir au Sanatorium de la Ville de Paris), que la ville de Hendaye s'est engagée à concéder, à titre définitif, à la Société des Voies Ferrées Départementales du Midi seront celles définies à l'article 2 de la Convention du 25 juin 1912 avec MM. Ader, Giros et Loucheur.

Pour le calcul de la garantie, du remboursement des avances et éventuellement du partage des bénéfices, la Société des Voies Ferrées Départementales du Midi confondra, d'une part, les dépenses et les charges ; d'autre part, les recettes desdites lignes, avec celles des lignes qui font l'objet de la Convention du 25 juin 1912.

Le maximum du capital garanti, fixé à 16.500.000 francs par le 3° de l'article 2 de ladite Convention à 19.500.000 francs par l'avenant du 22 mars 1919 approuvé par la loi du 4 janvier 1920, et à 32 millions de francs par l'avenant du 28 octobre 1921, approuvé par la loi du 5 avril 1923, est porté à 33.400.000 fr.

Art. 2.

La Compagnie des Chemins de fer du Midi recevra dans sa gare de Hendaye, sur la demande de la Société des Voies Ferrées Départementales du Midi, la ligne de la gare de Hendaye à Hendaye-Plage, dans les conditions fixées par l'article 4 de la Convention du 25 juin 1912.

Art. 3.

Les dispositions des articles 3, 5, 6 et 7 de la Convention du 25 juin 1912 sont applicables aux lignes de la gare de Hendaye à Hendaye-Plage et du casino de Hendaye au Sanatorium de la Ville de Paris.

Art. 4.

Les frais de timbre et d'enregistrement de la présente Convention seront supportés par la Société des Voies Ferrées Départementales du Midi.

ART. 5.

La présente Convention est subordonnée à l'engagement, que la Société des Voies Ferrées Départementales du Midi devra obtenir du Conseil Municipal de Hendaye, d'autoriser à toute époque pour le tramway de Hendaye les mêmes tarifs kilométriques et les mêmes majorations que sur l'ensemble du réseau exploité par cette Société dans le département des Basses-Pyrénées.

ART. 6.

La présente Convention ne deviendra définitive qu'autant qu'elle aura été approuvée par une loi avant le 31 décembre 1925 ainsi que par l'Assemblée générale de la Société des Voies Ferrées Départementales du Midi, et par celle de la Compagnie des Chemins de fer du Midi dans le délai d'une année après la promulgation de ladite loi.

Elle expirera le 31 décembre 1960, en même temps que la concession de la Compagnie des Chemins de fer du Midi.

Fait en triple exemplaire, à Paris, les jour, mois et an que dessus.

Lu et approuvé :
Signé : G. TEISSIER.

Lu et approuvé :
Signé : J. PAUL.

CONVENTION [1]

entre le Ministre des Travaux Publics et la Compagnie des Chemins de fer du Midi, autorisant une augmentation du capital garanti à la Société Anonyme des Voies Ferrées Départementales du Midi.

L'an 1924 et le 19 mars,

Entre le Ministre des Travaux Publics, agissant au nom de l'État et sous réserve de l'approbation des présentes par une loi,

D'une part,

Et la Compagnie des Chemins de fer du Midi, Société Anonyme établie à Paris, représentée par M. Georges Teissier, Président du Conseil d'Administration, élisant domicile au Siège de ladite Société, à Paris, 54, boulevard Haussmann, et agissant en vertu des pouvoirs qui lui ont été conférés par délibération du Conseil d'Administration en date du 19 septembre 1919,

Et sous réserve de l'approbation des présentes par l'Assemblée générale des Actionnaires dans le délai d'une année après la promulgation de la loi ci-dessus, visée,

D'autre part,

Il a été exposé ce qui suit :

La Compagnie des Chemins de fer du Midi a été autorisée par la loi du 14 juillet 1912 à accorder sa garantie d'intérêt à un réseau de voies ferrées d'intérêt local et à une usine hydro-électrique, concédés dans les départements des Basses-Pyrénées et des Landes à MM. Ader, Giros et Loucheur.

La Société des Voies Ferrées Départementales du Midi, primitivement dénommée Société des Chemins de fer Basques, régulièrement substituée auxdits concessionnaires par décret du 8 juillet 1914, est devenue, d'autre part, en vertu d'une Convention en date du 29 février 1924 avec la Ville de Hendaye et M. Henry Martinet, concessionnaire des lignes de tramways de la gare de Hendaye-Plage et du Casino de Hendaye au Sanatorium de la Ville de Paris. Ces lignes étant nécessaires pour assurer le raccordement du réseau de la Société des Voies Ferrées Départementales du Midi avec la

(1) Convention approuvée par l'Assemblée générale extraordinaire du 23 avril 1925. (Voir note page 159.)

gare de Hendaye, la Compagnie des Chemins de fer du Midi, afin de faciliter ce raccordement, a, par une Convention en date du 1er mars 1924, autorisé, en ce qui la concerne, la Société des Voies Ferrées Départementales du Midi à accepter ces concessions et s'est engagée, sous réserve de l'approbation des pouvoirs publics, à étendre aux lignes qui en font l'objet, les bénéfices de sa garantie.

Cela étant, il a été convenu ce qui suit :

ARTICLE PREMIER

Les conditions de l'octroi de la garantie d'intérêt de la Compagnie des Chemins de fer du Midi à la ligne de la gare de Hendaye à Hendaye-Plage et à l'embranchement du casino de Hendaye au Sanatorium de la Ville de Paris concédé à titre éventuel par la Convention du 16 janvier 1913, défini comme suit dans le paragraphe *a* de l'article premier de ladite Convention (un ou deux embranchement partant du casino ou du square pour aboutir au Sanatorium de la Ville de Paris), que la ville de Hendaye s'est engagée à concéder à titre définitif à la Société des Voies Ferrées Départementales du Midi seront les mêmes que pour les lignes et l'usine hydro-électrique, qui font l'objet de la Convention du 27 juin 1912, approuvée par la loi du 13 juillet 1912, de l'avenant du 22 mars 1919 approuvé par la loi du 4 janvier 1920 et de l'avenant du 16 décembre 1922 approuvé par la loi du 5 avril 1923, étant entendu que le maximum du capital garanti est porté de 32 millions de francs à 33.400.000 francs.

Les sommes payées à titre de garantie par la Compagnie des Chemins de fer du Midi, dans les conditions de l'article premier de la Convention du 27 juin 1912, seront prélevées sur les sommes réservées aux Actionnaires par l'article 15 de la convention du 28 juin 1921.

ART. 2.

Le compte spécial prévu à l'article 2 de la Convention du 27 juin 1912 précitée comprendra les lignes de la gare de Hendaye à Hendaye-Plage et du casino de Hendaye au Sanatorium de la Ville de Paris.

Pour le calcul de l'augmentation des recettes provenant, pour la gare de Handaye, des apports de trafic définis à l'article 2, alinéa 3, de la Convention du 27 juin 1912, il ne sera pas tenu compte, dans les recettes à comparer, du produit des majorations appliquées au tarif de base. La différence résultant de la comparaison ainsi effectuée sera multipliée par un coefficient obtenu en divisant le total des recettes voyageurs de l'ensemble des lignes de la Compagnie du Midi pendant l'exercice considéré, compte tenu des majorations appliquées au tarif de base, par le total des mêmes recettes calculées sans tenir compte des mêmes majorations.

Les recettes de base à comparer seront d'ailleurs uniquement les recettes provenant des voyageurs expédiés ou reçus par la gare de Hendaye. On considérera comme dû au développement propre du grand réseau le chiffre de recettes obtenu en appliquant chaque année la recette moyenne des trois exercices ayant précédé l'ouverture de la nouvelle section de Hendaye au Sanatorium le pourcentage d'augmentation constaté pendant l'exercice considéré dans les recettes voyageurs de l'ensemble du réseau du Midi. Le surplus sera considéré comme dû à la nouvelle ligne ; il sera majoré comme il est dit au paragraphe précédent pour obtenir le chiffre de l'apport. En dehors de cette dernière majoration, toutes les recettes dont il s'agit dans le présent alinéa seront calculées d'après les tarifs de base.

ART. 3.

La Compagnie des Chemins de fer du Midi est autorisée à percevoir, le cas échéant, pour les transports rentrant dans la catégorie visée par le premier alinéa de l'article 5 de la Convention du 25 juin 1912, les taxes qui seraient applicables si ces transports devaient être normalement acheminés par les lignes faisant l'objet de la présente Convention.

ART. 4.

Si l'État venait à racheter le réseau des Chemins de fer du Midi, il prendrait à sa charge, aux lieu et place de la Compagnie des Chemins de fer du Midi, l'exécution de la présente Convention et celle du 1er mars 1924.

ART. 5.

L'enregistrement de la présente Convention, ainsi que des Conventions des 29 février 1924 et 1er mars 1924 ne donnera lieu qu'à la perception du droit fixe de 6 francs.

Fait en triple exemplaire, à Paris, les jour, mois et an que dessus.

Lu et approuvé :
Signé : G. TEISSIER.

Lu et approuvé :
Le Ministre des Travaux Publics,
Signé : YVES LE TROCQUER.

NOTE

Les deux Conventions ci-dessus ont été approuvées par l'Assemblée générale extraordinaire, du 23 avril 1925, comme suit :

L'Assemblee générale consultée :

1° *Approuve la Convention passée le 1er mars 1924 avec la Société des Voies Ferrées Départementales du Midi pour porter de 32 millions de francs à 33. 400.000 francs le maximum du capital garanti à cette Société ;*

2° *Approuve la Convention passée le 19 mars 1924 avec M. le Ministre des Travaux Publics pour autoriser ce relèvement du capital garanti à la Société des Voies Ferrées Départementales du Midi ;*

3° *Donne tous pouvoirs au Conseil d'Administration pour assurer l'exécution desdites Conventions et notamment pour contracter les emprunts nécessaires.*

DÉCRET

du 15 septembre 1926

Concession à la Compagnie des Chemins de fer du Midi d'un réseau de transport d'énergie électrique.

(Journal Officiel du 12 octobre 1926.)

Le Président de la République française,

Sur le rapport du Ministre des Travaux Publics et du Ministre de l'Intérieur.

Vu la loi du 15 juin 1906 sur les distribution d'énergie, modifiée et complétée par les lois des 19 juillet 1922 et 27 février 1925, et notamment ses articles 7, 11 et 13 ;

Vu le règlement d'administration publique en date du 3 avril 1908, rendu pour l'application de ladite loi, et notamment les chapitre III (section 2) et IV, ensemble le règlement d'administration publique en date du 24 avril 1923 (modifié par le décret du 14 octobre 1924) ;

Vu les Conventions des 4 juillet 1908 et 20 juin 1907 relatives à la participation de l'État dans la construction des lignes de transport à 60.000 volts d'Eget à Lannemezan et des usines de la vallée de l'Ariège à Ax-les-Thermes,

Vu la Convention en date du 16 août 1926, par laquelle le Ministre des Travaux Publics a concédé à la Compagnie des Chemins de fer du Midi, dont le siège est à Paris, 54, boulevard Haussmann, la construction et l'exploitation d'un réseau de transport d'énergie électrique à créer entre les usines pyrénéennes de cette Compagnie, d'une part, Bordeaux, Toulouse et Pinet, d'autre part, en vue de l'électrification des voies ferrées susvisées ;

Vu le cahier des charges en date du 16 août 1926 annexé à ladite Convention, et notamment les articles 1er, 2, 4, 5, 7, 9, 11, 12, 13, 14, 15, 18, 19, 21 et 22 ;

Vu la demande de la Compagnie susvisée en date du 1er mai 1920 tendant à obtenir la déclaration d'utilité publique de l'entreprise, ensemble celle en date du 7 juillet 1924, relative à l'établissement d'une ligne de transport d'énergie à 150.000 volts de Portet à Pinet ;

Vu les pièces de l'enquête d'utilité publique ouverte en exécution des articles 11 et 12 de la loi du 15 juin 1906 et dans les formes déterminées par les règlements d'administration publique des 3 avril 1908 et 24 avril 1923;

Vu les rapports du service des forces hydrauliques du Sud-Ouest en date du 13 juillet 1921 et du 24 novembre 1925 ;

Vu les avis des Préfets des départements des Landes, des Basses-Pyrénées, des Hautes-Pyrénées, de la Haute-Garonne, de l'Ariège, de la Gironde, du Tarn et de l'Aveyron en date des 20 décembre 1920, 5 janvir, 20 janvier, 2 février, 1er avril, 5 avril 1921, 19 août, 9 et 12 octobre 1925 ;

Vu les avis du Ministre de l'Agriculture en date du 1er octobre 1924 et du 28 janvier 1926 ;

Vu les avis de l'Administration des P.T.T. en date des 13 décembre 1924 11 février 1925 et 19 février 1926 ;

La section des Travaux Publics, de l'Agriculture, du Commerce, de l'Industrie, des Postes et des Télégraphes, du Travail et de la Prévoyance Sociale du Conseil d'État entendue,

Décrète :

Article premier.

Est approuvée la Convention passée le 16 août 1926 entre le Ministre des Travaux Publics, agissant au nom de l'État, et M. Georges Teissier, Président du Conseil d'Administration de la Compagnie des Chemins de fer du Midi, représentant ladite Compagnie, pour la concession d'un réseau de transport d'énergie électrique s'étendant sur les départements de l'Ariège, de la Haute-Garonne, de la Gironde, des Landes, des Basses-Pyrénées, des Hautes-Pyrénées, du Tarn et de l'Aveyron, conformément aux dispositions du cahier des charges annexé à cette Convention.

Ladite Convention, ainsi que le cahier des charges et le plan du réseau resteront annexés au présent décret.

Art. 2.

Est déclarée d'utilité publique la concession accordée en vertu de l'article précédent et comportant l'établissement du réseau susmentionné.

Les expropriations nécessaires pour l'exécution dudit réseau devront être effectuées dans le délai de trois années à compter de la date d'approbation des projets définitifs.

Art. 3.

Le Ministre des Travaux Publics et le Ministre de l'Intérieur sont chargés chacun en ce qui le concerne, de l'exécution du présent décret qui sera publié au *Journal officiel* et inséré au *Bulletin des Lois*.

Fait à Rambouillet, le 15 septembre 1926.

Gaston DOUMERGUE.

Par le Président de la République :

Le Ministre de l'Intérieur,
Albert SARRAUT.

Le Ministre des Travaux Publics,
André TARDIEU.

CONVENTION

Entre le Ministre des Travaux Publics et la Compagnie des Chemins de fer du Midi relative à la concession d'un réseau de transport d'énergie électrique.

Entre le Ministre des Travaux Publics, agissant au nom de l'État, et sous réserve de l'approbation des présentes par décret délibéré en Conseil d'État,

D'une part,

Et la Société Anonyme établie à Paris, sous la dénomination de Compagnie des Chemins de fer du Midi, représentée par M. Georges Teissier, Président de son Conseil d'Administration, élisant domicile au siège de ladite société, boulevard Haussmann, n° 54, à Paris, et agissant en vertu des pouvoirs qui lui ont été conférés par délibération du Conseil d'Administration en date du 18 juillet 1924,

D'autre part,

Il a été convenu ce qui suit :

Article premier.

Le Ministre des Travaux Publics concède au nom de l'État, à la Compagnie des Chemins de fer du Midi, qui accepte cette concession, la construction et l'exploitation d'un réseau de transport d'énergie électrique ayant pour buts principaux le transport de l'énergie électrique en provenance des usines pyrénéennes de cette Compagnie en vue de l'électrification des voies ferrées de sa concession et la connexion desdites usines avec d'autres usines appartenant à des tiers et notamment à la société d'énergie électrique de Rouergue.

Ce réseau partira desdites usines pour aboutir à ou près Bordeaux, à ou près Toulouse et à ou près Millau.

Art. 2.

La Compagnie des Chemins de fer du Midi s'engage à exécuter et à exploiter ce réseau, dont le tracé figure au plan joint au dossier, dans les conditions du cahier des charges annexé à la présente Convention.

Art. 3.

Les terrains, ouvrages, machines et outillages acquis ou établis en vertu de la présente concession seront incorporés aux dépendances du chemins de fer.

Les règles et conditions applicables au réseau du Chemin de fer du Midi seront également applicable à la présente concession, sous réserve de l'application des clauses de la présente Convention et du cahier des charges y annexé.

Seront considérés comme dépendances immobilières tous les appareils et installations de toute nature établis pour le transport et la transformation de l'énergie électrique, ainsi que les terrains.

ART. 4.

Les travaux nécessaires à l'établissement et à l'exploitation des lignes de transport dont il s'agit, ayant le caractère de travaux complémentaires de premier établissement que la compagnie des Chemins de fer du Midi peut être autorisée à exécuter en vertu des Conventions en vigueur, les dépenses qui seront faites pour leur établissement et leur exploitation, ainsi que les recettes qui en proviendront seront comprises dans les comptes de la Compagnie conformément aux règles en vigueur, sous réserve de la participation de l'État à la construction des lignes de transport à 60.000 volts d'Eget à Lannemezan et des usines de la vallée de l'Ariège à Ax-les-Thermes, en vertu des accords résultant des Conventions du 4 juillet 1908 et du 20 juin 1907.

ART. 5.

Les frais d'enregistrement de la présente Convention et du cahier des charges annexé seront supportés par la Compagnie des Chemins de fer du Midi.

La présente Convention et le cahier des charges y annexé ne seront passibles que du droit fixe de 6 francs.

Fait en double à Paris, le 16 août 1926.

Pour la Compagnie des Chemins de fer du Midi :

Signé : TEISSIER.

CAHIER DES CHARGES

CHAPITRE Ier

Objet de la concession

Service concédé et objet principal de l'entreprise.

Article premier

La concession à laquelle s'applique le présent cahier des charges a pour objet la construction et l'exploitation du réseau d'énergie électrique défini ci-après, ayant pour buts principaux le transport de l'énergie électrique en provenance des usines pyrénéennes de la Compagnie des Chemins de fer du Midi, en vue de l'électrification des voies ferrées, de sa concession, et la connexion desdites usines avec d'autres usines appartenant à des tiers, et notamment à la Société d'Énergie Électrique du Rouergue.

Ce réseau partira desdites usines pour aboutir à ou près Bordeaux, à ou près Toulouse, et à ou près Millau.

Le courant à 60.000 volts issu des usines génératrices sera élevé à 150.000 volts dans les postes de Laruns, Lannemezan et Ax-les-Thermes, ce courant à 150.000 volts sera ramené à la tension de 60.000 volts dans les postes de Pessac (près Bordeaux), Dax, Portet-Saint-Simon (près Toulouse), et Saint-Victor (près Millau).

Deux postes de coupure à 150.000 volts seront installés à Pau et à Labouheyre.

L'énergie sera transportée sous forme de courant alternatif triphasé à 50 périodes par les lignes suivantes :

1° Lignes à 150.000 volts :

a) Ligne double de Laruns-Pau-Orthez-Dax-Pessac (près Bordeaux) ;

b) Ligne simple de Pau-Lannemezan-Portet-Saint-Simon (près Toulouse) ;

c) Ligne double d'Ax-les-Thermes-Portet-Saint-Simon (près Toulouse) ;

d) Ligne simple de Portet-Saint-Simon-Saint-Victor (près Millau) ;

2° Lignes à 60.000 volts :

a) Ligne double des usines de la vallée d'Ossau au poste de transformation de Laruns ;

b) Ligne double d'Eget à Arreau et à Lannemezan ;

c) Ligne double des usines de la vallée de l'Ariège au poste de transformation d'Ax-les-Thermes.

La capacité normale de transport des lignes à 150.000 volts sera de 50.000 kilowatts par ligne simple avec un facteur de puissance égal à l'unité et une perte d'énergie de 0,05 % par kilomètre.

La capacité normale de transport des lignes à 60.000 volts sera de 20.000 kilowatts par ligne simple avec un facteur de puissance égal à l'unité et une perte d'énergie de 0. 15 % par kilomètre.

Transport d'énergie destinée aux services publics et utilisation accessoire des ouvrages et canalisations.

ART. 2.

1° Transports d'énergie destinée aux services publics. En plus des transports d'énergie définis à l'article 1er, le concessionnaire sera tenu, mais dans la limite de la capacité normale de transport de ses lignes, d'effectuer les transports d'énergie destinée à des services publics, en provenance, soit des usines de la Compagnie du Midi, soit d'autres usines qui seraient raccordées au réseau, objet de la concession.

Sur les lignes à 150.000 volts, ces transports ne seront obligatoires pour le concessionnaire que si les demandeurs souscrivent, pour une durée d'au moins dix ans, le transport d'une puissance d'au moins 6.000 kva. Ce minimum sera réduit à 3.000 kva, s'il s'agit s'un transport de réserves d'énergie provenant d'usines hydroélectriques, obtenues par réquisition régulière du Ministre des Travaux Publics en vertu de l'article 10 de la loi du 16 octobre 1919 et mises à la disposition d'un concessionnaire de distribution publique d'énergie, pour être vendues à tarifs réduits aux services publics ou assimilés.

Sur les lignes à 60.000 volts, les transports obligatoires seront limités dans les mêmes conditions, sauf réduction des chiffres de 6.000 kva et 3.000 kva respectivement à 2.000 kva et 1.000 kva.

L'énergie devra, en principe, être amenée ou prise aux postes de transformation ou de coupure prévus à l'article 1er. Toutefois, le Ministre des Travaux Publics aura le droit, à toute époque, de prescrire, après avis du Comité d'électricité, l'établissement de nouveaux postes destinés à raccorder des clients, remplissant les conditions prévues au présent article. Les frais d'établissement, d'exploitation, d'entretien de ces postes, ainsi que des installations accessoires (lignes et appareils télégraphiques, téléphoniques ou installations radiotélégraphiques ou radiotéléphoniques) reconnus nécessaires pour l'utilisation de ces postes, seront, d'ailleurs, entièrement à la charge des clients desservis.

En cas de désaccord sur l'application de ces dispositions ou de contestations sur les ordres de priorité à attribuer aux divers transports, le différend sera tranché par le Ministre des Travaux Publics, après avis du Comité d'électricité;

2° Utilisation accessoire des ouvrages et canalisations. Le concessionnaire pourra être autorisé par le Ministre des Travaux Publics à faire usage, à titre accessoire, des ouvrages et canalisations établis en vertu de la présente concession, pour recevoir et transporter de l'énergie destinée à des particuliers, et provenant, soit des usines de la Compagnie des Chemins de fer du Midi, soit d'autres usines génératrices qui seraient raccordées au réseau, sous la condition expresse qu'il n'en résulte aucune entrave au bon fonctionnement du transport défini à l'article 1er ci-dessus et au primo du présent article, et que toutes les obligations du cahier des charges soient remplies.

Droit d'utiliser les voies publiques.

ART. 3.

La concession confère au concessionnaire le droit d'établir et d'entretenir, sur le parcours des lignes telles qu'elles seront régulièrement approuvées, soit au-dessus, soit au-dessous des voies publiques et de leurs dépendances, tous ouvrages et canalisations destinés au transport de l'énergie électrique, en se conformant aux conditions du présent cahier des charges, aux règlements de voirie et aux décrets ou arrêtés intervenus en exécution de la loi du 15 juin 1906 et des lois ultérieures, ainsi qu'aux conditions des décisions approbatives.

Le concessionnaire ne pourra réclamer aucune indemnité pour le déplacement ou la modification des ouvrages établis par lui sur les voies publiques, lorsque ces changements seront prescrits par le Ministre des Travaux Publics, sur la demande de l'autorité compétente, pour un motif de sécurité publique ou dans l'intérêt de la voirie.

CHAPITRE II

TRAVAUX

Approbation des projets.

ART. 4.

Les projets de tous les ouvrages dépendant de la concession devront être instruits dans les formes prévues par la loi du 15 juin 1906 et par les décrets du 24 avril 1923 et du 14 octobre 1924, l'approbation du Ministre des Travaux Publics étant nécessaire dans chaque cas, conformément aux règles en vigueur pour les ouvrages du chemin de fer.

Ouvrages à établir.

ART. 5.

Le concessionnaire sera tenu d'établir à ses frais toutes les installations nécessaires aux différents services de transport d'énergie prévus aux articles 1er et 2.

Les ouvrages destinés à la production de l'énergie et à son transport jusqu'aux origines des lignes faisant l'objet de la présente concession ne seront pas soumis aux dispositions du présent cahier des charges.

Les lignes téléphoniques parallèles aux lignes de transport et nécessaires à la sécurité de l'exploitation feront partie de la présente concession. Il en sera de même des postes radio-télégraphiques et radiotéléphoniques qui pourront être établis, aux mêmes fins, après autorisation de l'Administration.

Délais d'exécution.

Art. 6.

Les projets des ouvrages et des lignes désignés sur le plan annexé au présent cahier des charges devront être présentés par le concessionnaire, conformément à la section I du Chapitre III du décret du 24 avril 1923, modifié par celui du 14 octobre 1924, dans le délai de six mois à partir de l'approbation définitive de la concession.

Les travaux seront commencés dans le délai de trois mois à dater de l'approbation des projets et poursuivis sans interruption, de manière à être achevés dans le délai de cinq ans pour toutes les lignes, sauf pour la ligne double des usines de la vallée de l'Ariège à Portet-Saint-Simon pour laquelle ce délai sera de dix ans et pour celle de Portet-Saint-Simon à Saint-Victor, pour laquelle ce délai sera de trois ans.

Propriété des installations.

Art. 7.

Tous les terrains et toutes les servitudes nécessaires pour l'établissement des ouvrages, de leurs accessoires et dépendances, seront acquis définitivement par le concessionnaire et à ses frais.

Nature du courant.

Art. 8.

L'énergie sera transportée sous forme de courant alternatif triphasé.

Tension du courant.

Art. 9.

La tension du courant, mesurée aux points d'utilisation en service normal, sera de 150.000 volts entre phases pour les lignes énumérées au 1° de l'article 1er et de 60.000 volts entre phases pour les lignes énumérées au 2° de cet article, avec tolérance de 10 % en plus ou en moins.

Fréquence. — La fréquence du courant alternatif transporté en service normal est fixée à 50 périodes par seconde.

Canalisations.

Art. 10.

Les canalisations seront aériennes dans toute l'étendue de la concession, sauf exceptions spécialement autorisées ou prescrites par le Ministre des Travaux Publics.

CHAPITRE III

Tarifs et conditions du service

Tarif maximum des droits de péage.

Art. 11.

Les prix que le concessionnaire est autorisé à percevoir comme droits de péage, pour le transport de l'énergie électrique ne peuvent dépasser les maxima suivants :

1° Une taxe fixe annuelle de 45 centimes par kilovoltampère de puissance souscrite au départ et par kilomètre de ligne à 150.000 volts utilisé, avec minimum de parcours de 200 kilomètres, sauf pour celle de Portet-Saint-Simon à Saint-Victor dont le minimum est ramené à 100 kilomètres.

Pour les lignes à 60.000 volts, cette taxe sera également de 45 centimes par kilovoltampère de puissance souscrite au départ et par kilomètre utilisé, sans minimum de parcours;

2° Une taxe fixe annuelle de 25 francs par kilovoltampère de puissance souscrite au départ et par poste de transformation à 150.000 volts utilisé ;

3° Une taxe proportionnelle de 0 fr. 00001 par unité d'énergie complexe transportée mesurée au départ, et par kilomètre de ligne utilisé avec minimum de perception de 200 kilomètres pour les lignes à 150.000 volts sauf pour celle de Portet-Saint-Simon à Saint-Victor dont le minimum est ramené à 100 kilomètres et sans minimum pour les lignes à 60.000 volts.

L'énergie complexe tient compte à la fois de l'énergie active et de l'énergie réactive, elle est définie dans la circulaire du Ministre des Travaux Publics du 24 novembre 1919.

Toutes les pertes d'énergie inhérentes au transport et à la transformation du courant dans les installations seront supportées intégralement par les usagers. Le concessionnaire ne sera tenu de leur restituer l'énergie électrique fournie par eux que sous déduction de ces pertes.

Il ne sera tenu, d'autre part, de restituer à chaque instant et à chaque usager, que la puissance qui lui sera fournie au même instant par le même usager, sous déduction des dites pertes, étant entendu que le facteur de puissance au point de restitution sur le branchement de l'usager ne sera pas inférieur à celui constaté au point de livraison sur la ligne concessionnaire.

Ces tarifs maxima seront revisés par décision du Ministre des Travaux Publics dans les cas suivants :

1° Si la dépense réelle entraînée par l'établissement des lignes de transport est supérieure ou inférieure de plus de 10 % à la dépense prévue, la taxe fixe annuelle par kilovoltampère de puissance souscrite et par kilomètre de ligne utilisé sera relevée ou abaissée proportionnellement à la variation constatée.

Pour l'application de cette disposition, la dépense prévue pour l'établissement des lignes de transport est évalué à 100.000 francs par kilomètre de ligne à 150.000 volts et 50.000 francs par kilomètre de ligne à 60.000 volts.

Ces dépenses comprennent les frais relatifs aux installations spéciales nécessaires pour la régularisation de la tension, installations exécutées en se basant pour les réseaux d'utilisation sur un cos φ de 0.90 ;

2° Si la dépense réelle entraînée par l'établissement des postes de transformation est supérieure ou inférieure de plus de 10 % à la dépense prévue, la taxe fixe annuelle par kilovoltampère, de puissance souscrite et par poste de transformation utilisé sera relevée ou abaissée proportionnellement à la variation constatée.

Pour l'application de cette disposition, la dépense prévue pour l'établissement d'un poste de transformation 150.000/60.000 est évaluée à 250 fr. par kva de puissance du poste ;

3° S'il résulte des relevés périodiquement effectués par l'Administration que le salaire mensuel moyen des agents de la Compagnie des Chemins de fer du Midi, affectés au gardiennage et à l'entretien des lignes électriques, dans la région du Sud-Ouest, toutes charges patronales comprises, a augmenté ou diminué de plus de 10 % par rapport à celui de l'année au cours de laquelle aura été signé le présent Cahier des charges la taxe proportionnelle par annuité d'énergie complexe transportée et par kilomètre de ligne utilisé sera relevée ou abaissée proportionnellement à la variation constatée ;

4° Si l'État, les départements ou les communes établissent de nouveaux impôts relatifs au transport de l'énergie électrique, ces impôts seront à la charge du concessionnaire ; mais à partir du jour de la mise en application desdits impôts, les tarifs maxima seront relevés, à la demande du concessionnaire, dans une proportion qui sera arrêtée par le Ministre des Travaux Publics.

Les tarifs maxima pourront être revisés tous les dix ans soit sur la demande du concessionnaire, soit sur l'initiative de l'Administration, suivant les formes adoptées pour l'approbation du présent Cahier des charges.

Etablissements et Associations assimilés aux services publics.

Art. 12.

Les établissements publics, les Associations syndicales organisées par l'Administration, en vertu des lois des 16 septembre 1807 et 8 avril 1898 ou autorisées en conformité des lois des 21 juin 1865, 22 décembre 1888 et des groupements agricoles d'utilité générale spécifiés dans le règlement d'administration publique prévu par l'article 10 de la loi du 16 octobre 1919, sont assimilés aux services publics en ce qui concerne l'application de l'article 2.

Augmentation de la puissance maximum transportable.

Art. 13.

En cas d'insuffisance de la puissance maximum transportable sur les lignes concédées, le concessionnaire aura la faculté, sous réserve de l'approbation par le Ministre des Travaux Publics de ses projets d'exécution, d'élever la tension des lignes existantes, de placer de nouveaux câbles ou d'augmenter le nombre des lignes.

Obligation de participer aux ententes.

Art. 14.

Le concessionnaire sera tenu, si l'État l'y invite, de participer, dans les conditions qui seront fixées par les règlements d'administration publique à intervenir en exécution de la loi du 19 juillet 1922, aux organismes collectifs qui seront constitués dans les régions traversées par les lignes faisant l'objet de la présente concession.

Postes de transformation, de coupure ou de raccordement

ART. 15.

Les postes de transformation et de coupure énumérés à l'article 1er ci-dessus feront partie intégrante de la présente concession. Il en sera de même des postes de transformation, de coupure ou de raccordement à établir, s'il y a lieu, aux points de raccordement des lignes de transport avec d'autres lignes ou installations étant entendu toutefois que les frais afférents à ces derniers postes seront à la charge des usagers. Le nombre de ces postes intermédiaires de transformation, de coupure ou de raccordement devra être aussi réduit que possible ; il ne sera pas établi de postes pour desservir une puissance inférieure à 10.000 kva sur les lignes à 150.000 volts sauf sur la ligne de Portet-Saint-Simon à Saint-Victor. où elle sera ramenée à 6.000 kva et à 2.000 kva sur les lignes à 60.000 volts. En cas de désaccord sur la convenance de l'installation d'un de ces postes intermédiaires, le Ministre des Travaux Publics statuera après avis du Comité d'électricité.

Appareils de mesure et de contrôle.

ART. 16.

Le concessionnaire devra s'entendre avec les producteurs et les distributeurs, pour le choix des procédés et appareils à employer pour la mesure de la puissance et de l'énergie fournie ou reçue, ainsi que pour le contrôle des conditions figurant aux traités de transport d'énergie passés en vertu de l'article 18 ci-après. Les ententes intervenues seront portées à la connaissance du Ministre des Travaux Publics.

En cas désaccord, il sera statué par le Ministre des Travaux Publics, après avis du Comité d'électricité.

Pose et vérification des appareils de mesure et de contrôle.

ART. 17.

Les appareils totalisateurs (compteurs) et les appareils de mesure ou de contrôle (ampèremètres, voltmètres, fréquencemètres, etc), seront posés par les agents du concessionnaire aux frais des usagers du transport, ils seront réglés et périodiquement vérifiés par des agents contradictoirement avec les représentants des producteurs et des distributeurs intéressés.

Les conditions de plombage, de vérification et les tarifs d'entretien seront précisés dans les contrats de transport d'énergie.

Contrats de transport.

ART. 18.

Les contrats auxquels donneront lieu les transports de l'énergie électrique des services prévus à l'article 2 seront passés dans les conditions fixées au présent cahier des charges.

Les embranchements seront construits aux frais des demandeurs de manière qu'il ne résulte de leur établissement aucune entrave au service principal, aucune cause d'avarie pour l'installation de la présente concession, ni aucun frais particulier pour le concessionnaire.

Lesdits contrats établis dans la forme de traités de transport d'énergie ne peuvent devenir définitifs qu'après approbation par le Ministre des Travaux Publics.

Surveillance des installations reliées aux lignes de transport.

Art. 19.

Le concessionnaire ne sera tenu de relier les installations de production, de transport, de distribution ou d'utilisation de l'énergie avec les lignes faisant l'objet de la présente concession et de maintenir cette liaison, que si ces installations sont établies et sont exploitées conformément aux règlements prévus dans le contrat de transport.

Le concessionnaire sera autorisé, à cet effet, à vérifier à toute époque, les diverses, installations reliées à ses lignes. Si certaines installations sont reconnues défectueuses le concessionnaire pourra se refuser à continuer le transport correspondant. En cas de désaccord sur les mesures à prendre, avant la reprise du service en vue de faire disparaître toute cause de danger ou de trouble dans le fonctionnement général du transport, il sera statué par le Ministre des Travaux Publics après avis du Comité d'électricité.

Le concessionnaire sera tenu de ne relier de nouvelles centrales de production ou de nouveaux réseaux de transport ou de distribution d'énergie avec les lignes faisant l'objet de la présente concession et de ne maintenir cette liaison que si ces installations sont établies et exploitées dans des conditions reconnues admissibles par l'Administration des P. T. T. En cas de désaccord entre cette administration et les autres services, il sera statué comme il est prévu à l'article 17 de la loi du 15 juin 1906.

En aucun cas, le concessionnaire n'encourra de responsabilité en raison des défectuosités des installations qui ne seront pas de son fait.

Conditions particulières du service.

Art. 20.

Le concessionnaire sera tenu de transporter le courant à toute heure du jour et de la nuit. Il aura toutefois la faculté d'interrompre le service :

1° Pour l'entretien, soit la nuit entre vingt-trois heures et quatre heures, soit les dimanches et jours de fêtes légales aux heures compatibles avec le service des trains :

2° Pour les réparations urgentes à faire au matériel sur tout ou partie du réseau, sous réserve de l'autorisation de l'ingénieur en chef chargé de centraliser le contrôle, les jours ouvrables, aux heures compatibles avec le service des trains.

Ces interruptions seront portées d'avance à la connaissance des usagers abonnés.

Ce qui précède se rapporte à l'entretien normal du réseau, en cas d'accident exigeant une réfection immédiate, le concessionnaire est autorisé à prendre d'urgence les mesures nécessaires, sauf à en aviser le contrôle dans le plus bref délai.

CHAPITRE IV

DURÉE DE LA CONCESSION. — RACHAT ET DÉCHÉANCE

Durée de la concession. — Rachat et déchéance.

ART. 21.

La présente concession prendra fin en même temps que la concession du réseau des Chemins de fer du Midi et sera assujettie aux mêmes conditions pour la reprise des installations par l'État, en fin de concession, et en cas de rachat ou de déchéance.

Toutefois, en ce qui concerne les dépenses complémentaires engagées pour la construction des lignes et des postes de transformation ou de coupure faisant l'objet de la présente concession, la Compagnie concessionnaire n'aura pas droit, en cas de rachat au remboursement prévu à l'article 17 de la Convention du 9 juin 1883.

Redevances pour occupation du domaine public.

ART. 22.

Les redevances dues pour l'occupation des parties du domaine public autres que celles incorporées au domaine public du Chemin de fer seront fixées conformément au décret du 17 octobre 1907, modifié par ceux du 7 septembre 1912 et du 17 mai 1921.

Fait en double à Paris, le 16 août 1926.

Pour la Compagnie des Chemins de fer du Midi :

Signé : TEISSIER.

DÉCRET

du 30 Août 1927

(Journal Officiel du 3 septembre 1927)

Le Président de la République française,

Sur le rapport du Ministre des Travaux Publics,

Vu le décret du 30 juin 1908, qui a déclaré d'utilité publique, dans le département de Lot-et-Garonne, l'établissement d'un réseau de tramways rétrocédé à M. de Brançion ;

Vu le décret du 18 janvier 1909, qui a approuvé la substitution, à M. de Brançion, de la Compagnie des Chemins de fer et Tramways Départementaux du Midi de la France ;

Vu la loi du 11 avril 1914, approuvant le rachat par le département, de la rétrocession de son réseau de tramways ainsi qu'une nouvelle rétrocession de ce réseau à MM. Ortal, ses fils et Lagueyte, et autorisant la Compagnie des Chemins de fer du Midi à accorder une garantie d'intérêt à l'entreprise ; ensemble les actes y annexés ;

Vu le décret du 19 octobre 1920, qui a prorogé le délai des expropriations nécessaires à l'établissement du réseau susmentionné ;

Vu les décrets des 24 janvier et 5 août 1918, 15 juillet 1919 et 5 août 1921 qui ont approuvé des modifications temporaires des conditions d'exploitation ;

Vu le décret du 19 mars 1923, portant revision des maxima du capital d'établissement et de la subvention de l'Etat pour le réseau susmentionné ;

Vu l'avenant passé le 26 décembre 1925 entre le département de Lot-et-Garonne et la société anonyme Ortal, en vue de fixer le nouveau régime d'exploitation des tramways de Lot-et-Garonne ;

Vu les pièces de l'enquête complémentaire ouverte sur les modifications des tarifs, du nombre des trains et du gabarit du matériel roulant, prévues dans ledit avenant ;

Vu, notamment, les délibérations de la commission d'enquête du 12 mars 1924, et de la Chambre de Commerce d'Agen du 20 février 1924 ;

Vu les avenants passés le 20 septembre 1926 et les 10 septembre 1926, 25 avril 1927, entre la Compagnie des Chemins de fer du Midi d'une part, l'Etat et la Société Anonyme Ortal d'autre part, en vue de modifier les conditions de la garantie d'intérêt accordée par ladite Compagnie au réseau susmentionné ;

Vu l'avenant passé le 15 janvier 1924 entre le département de Lot-et-Garonne et la Compagnie des Chemins de fer et Tramways Départementaux du Midi de la France, pour régler transactionnellement les difficultés surgies à l'occasion du rachat autorisé par la loi susvisée du 11 avril 1914 ;

Vu l'avenant passé le 27 décembre 1925 entre ledit département et la Société des Voies Ferrées Départementales du Midi, en vue de modifier les clauses financières de rétrocession du réseau susmentionné ;

Vu les délibérations du Conseil Général de Lot-et-Garonne des 30 mai 1924 et 6 mai 1926 et de la Commission Départementale du 28 juin 1924 ;

Vu les rapports du service du contrôle des 13 avril 1923, 19 février, 13 et 31 mars, 24 mai, 25 août 1924, 18 décembre 1925 et 29 juillet 1927 ;

Vu les lettres du Préfet de Lot-et-Garonne des 12 janvier 1923, 4 avril et 27 août 1924, 18 décembre 1925, 28 juin 1926, 1er juin et 30 juillet 1927 ;

Vu les avis du Conseil Général des ponts et chaussées des 2 mars et 9 août 1923, 31 octobre 1924 ;

Vu la lettre du Ministre de l'Intérieur du 31 août 1923 et celles du Ministre des Finances des 15 novembre 1923, 20 mai et 5 novembre 1924, 28 janvier 1926 ;

Vu la loi du 31 juillet 1913 sur les voies ferrées d'intérêt local, modifiée par celle du 22 avril 1916, et notamment l'article 33 ;

Le conseil d'Etat entendu,

Décrète :

Article Premier

Sont approuvés :

1° L'avenant intervenu le 26 décembre 1925 entre le Préfet de Lot-et-Garonne, au nom du Département, et la Société Anonyme Ortal, en vue de fixer le nouveau régime d'exploitation du réseau des tramways de Lot-et-Garonne ;

2° L'avenant intervenu les 10 septembre 1926, 25 avril 1927 entre la Compagnie des Chemins de fer du Midi et la Société Anonyme Ortal, en vue de modifier les conditions de la garantie d'intérêts accordée par ladite Compagnie au réseau de tramways susmentionné ;

3° L'avenant intervenu le 20 septembre 1926 entre le Ministre des Travaux Publics, au nom de l'Etat, et la Compagnie des Chemins de fer du Midi, en vue du même objet.

Art. 2

Est approuvée la substitution, à la Société Anonyme Ortal, de la Société Anonyme des Voies Ferrées Départementales du Midi, comme rétrocessionnaire du réseau de tramways susmentionné.

Il est interdit à la Société des Voies Ferrées Départementales du Midi, sous peine de déchéance, d'engager son capital directement ou indirectement dans une entreprise autre que la construction dudit réseau ou des réseaux dont elle est déjà concessionnaire, sans y avoir été préalablement autorisée par décret délibéré en Conseil d'Etat.

Art. 3

Sont approuvés les avenants, intervenus les 15 janvier 1924 et 27 décembre 1925, entre le Préfet de Lot-et-Garonne, au nom du Département,

D'une part,

La Compagnie des Chemins de fer et Tramways Départementaux du Midi de la France, pour régler transactionnellement les difficultés surgies à l'occasion du rachat autorisé par la loi susvisée du 11 avril 1914,

D'autre part,

La Société des Voies Ferrées Départementales du Midi, en vue de modifier les clauses financières de rétrocession du réseau de tramways susmentionné.

Lesdits avenants, ainsi que ceux qui sont mentionnés à l'article 1er, resteront annexés au présent décret.

ART. 4

Le Ministre des Travaux Publics est chargé de l'exécution du présent décret, qui sera publié au *Journal officiel* et inséré au *Bulletin des lois*.

Fait à Rambouillet, le 30 août 1927.

GASTON DOUMERGUE.

Par le Président de la République.

Le Garde des Sceaux, Ministre de la Justice, Ministre des Travaux Publics, par intérim,

LOUIS BARTHOU.

AVENANT [1]

à la Convention du 12 novembre 1913 entre la Compagnie des Chemins de fer du Midi et MM. Ortal.

L'an 1926 et le 10 septembre et l'an 1927 et le 25 avril.

Entre la Société Anonyme établie à Paris sous la dénomination de Compagnie des Chemins de fer du Midi, représentée par M. Georges Teissier, Président du Conseil d'Administration, élisant domicile au siège de ladite Société, boulevard Haussmann, n° 54, à Paris, agissant en vertu des pouvoirs qui lui ont été conférés par délibération du Conseil d'Administration en date du 27 octobre 1922,

D'une part,

Et la Société Anonyme Ortal, substituée aux droits de MM. Ortal et son fils, rétrocessionnaires des tramways de Lot-et-Garonne, représentée par M. G. Ortal, administrateur délégué, élisant domicile au siège de ladite société, à Bordeaux, 8, rue Mably,

D'autre part,

Il a été exposé ce qui suit :

MM. Ortal et son fils, rétrocessionnaires du réseau d'intérêt local du Lot-et-Garonne, en vertu d'une Convention du 12 novembre 1913, ont passé avec le Département un avenant en date du 5 mars 1923, relatif à la construction du réseau.

En vertu de cet avenant, le Département acquiert le droit :

1° De limiter l'exécution du réseau aux trois lignes de Villeneuve à Villeréal, Tonneins à Beauregard, Tonneins à Sos ;

2° D'ajourner jusqu'au 1er janvier 1926 ou d'abandonner définitivement la construction de tout ou partie des autres lignes.

La Société Anonyme Ortal, substituée aux droits de MM. Ortal et son fils a, d'autre part, passé avec le Département un avenant en date du 26 décembre 1925 relatif à l'ex-

---

(1) Avenant approuvé par l'Assemblée générale extraordinaire du 27 avril 1928. (Voir note page 183.)

ploitation du réseau et modifiant les règles de partage des bénéfices ou des insuffisances annuels.

Cela étant, il a été convenu ce qui suit :

Article Premier

La Compagnie du Midi accepte d'accorder sa garantie au réseau d'intérêt local, qui comprendra les trois lignes suivantes :

1° Villeneuve à Villeréal ;

2° Tonneins à Beauregard ;

3° Tonneins à Sos,

et les lignes rétrocédées à MM. Ortal et son fils par la Convention du 12 novembre 1913 que le Département prendrait, avant le 1er janvier 1926, la décision d'exécuter.

Art. 2

La garantie de la Compagnie du Midi s'appliquera aux lignes de ce réseau, dont l'exploitation sera garantie par l'avenant d'exploitation du 26 décembre 1925 dans les conditions définies par l'article 2 de la Convention de garantie du 12 novembre 1913.

L'amortissement du capital-actions pourra commencer après la cinquième année d'exploitation de l'ensemble des trois premières lignes. Mais si les rétrocessionnaires ont, avant cette époque, totalement remboursé à la Compagnie du Midi leur dette de garantie, l'amortissement commencera de droit deux ans après la fin de ce remboursement.

Art 3

L'avenant d'exploitation du 26 décembre 1925 prévoit que le Département aura la faculté de s'acquitter en cinq annuités de sa part dans les insuffisances antérieures au 1er janvier 1921, déduction faite de la dépense afférente à l'incendie des Landes et qu'il remboursera aux rétrocessionnaires les deux tiers de ladite dépense, dans la limite d'un maximum de 800.000 francs au moyen d'annuités jusqu'à l'expiration de la concession.

En conséquence, les rétrocessionnaires s'engagent à contracter :

1° Un emprunt amortissable en cinq années égal au montant de la part du Département dans les insuffisances antérieures au 1er janvier 1921, déduction faite de la dépense afférente à l'incendie des Landes ;

2° Un emprunt amortissable sur la durée de la concession, égal aux deux tiers du montant des dépenses afférentes à l'incendie des Landes, dans la limite d'un maximum de 800.000 francs, et à rembourser à la compagnie du Midi les sommes correspondantes que ladite compagnie leur a avancées à titre de garantie d'intérêt.

ART. 4

Le présent avenant ne deviendra définitif qu'autant qu'il aura été approuvé par un décret dans le délai de deux ans et par l'Assemblée générale des Actionnaires de la Compagnie des Chemins de fer du Midi dans le délai d'une année après la signature dudit décret.

Il expirera le 31 décembre 1960, en même temps que la Convention du 12 novembre 1913.

ART. 5.

Les frais de timbre du présent avenant, les frais d'enregistrement et les frais de publication au *Journal officiel* seront à la charge de la Société Anonyme Ortal.

Fait à Paris, les jour, mois et an que dessus.

Lu et approuvé :
Signé : TEISSIER.

Lu et approuvé :
Signé : G. ORTAL.

AVENANT (1)

à la Convention du 27 mars 1914 entre le Ministre des Travaux Publics et la Compagnie du Midi.

L'an 1926 et le 20 septembre.

Entre le Ministre des Travaux Publics, agissant au nom de l'Etat, et sous réserve de l'approbation des présentes par décret,

D'une part,

Et la Société Anonyme établie à Paris sous la dénomination de Compagnie de Chemins de fer du Midi, représentée par M. Georges Teissier, président du Conseil d'Administration, élisant domicile au siège de ladite Société, boulevard Haussmann, nº 54, à Paris, et agissant en vertu des pouvoirs qui lui ont été conférés par délibération du Conseil d'Administration en date du 27 octobre 1922, et sous la réserve de l'approbation des présentes par l'Assemblée générale des Actionnaires dans le délai d'une année après la promulgation du décret ci-dessus visé,

D'autre part,

Il a été exposé ce qui suit :

La guerre ayant interrompu l'exécution du réseau d'intérêt local, rétrocédé à MM. Ortal, ses fils et Lagueyte, dans le département de Lot-et-Garonne et la situation économique générale ayant subi de notables changements, les concessionnaires ont dû établir avec le Département de nouveaux accords pour l'achèvement du réseau.

Par ces accords, le Département acquiert le droit :

1° De limiter l'exécution du réseau aux trois lignes de :

Villeneuve à Villeréal ;

Tonneins à Beauregard ;

Tonneins à Sos ;

2° D'ajourner jusqu'au 1er janvier 1926 ou d'abandonner définitivement la construction de tout ou partie des autres lignes.

En outre de nouvelles règles de partage sont établies pour les bénéfices ou les insuffisances annuels de l'exploitation. Il résulte, notamment, de ces règles que le Département prend à sa charge les insuffisances éventuelles d'exploitation, dans la mesure utile pour couvrir :

(1) Avenant approuvé par l'Assemblée générale extraordinaire du 27 avril 1928. (Voir note page 183.)

1° La totalité de l'annuité nécessaire pour rembourser en cinq ans, au taux d'intérêt de 6,50 p. 100, sa part des insuffisances antérieures au 1er janvier 1921 ;

2° Les deux tiers des insuffisances des exercices 1921 et suivants.

La Compagnie du Midi qui a été autorisée par la loi du 11 avril 1914 à donner sa garantie d'intérêt à ce réseau est disposée à donner son approbation à ces nouveaux accords et à passer avec la Société Anonyme Ortal, substituée aux droits de MM. Ortal et son fils, concessionnaires primitifs, un avenant à la Convention de garantie du 12 novembre 1913.

Cela étant, il a été convenu ce qui suit :

Article Premier

Il est pris acte par le Ministre des Travaux Publics de l'avenant des 10 septembre 1916 et 25 avril 1927 à la Convention du 12 novembre 1913 intervenue entre la Compagnie des Chemins de fer du Midi et la Société Anonyme Ortal.

Les sommes payées à titre de garantie par la Compagnie du Midi dans les conditions de l'article 1er de la Convention intervenue le 27 mars 1914 entre cette Compagnie et le Ministre des Travaux Publics et dans les conditions du présent avenant, seront prélevées sur les sommes réservées aux Actionnaires par l'article 15 de la Convention du 28 juin 1921. Toutefois, ce prélèvement n'aura lieu que jusqu'à la clôture du compte spécial institué par l'article 2 ci-après :

Art. 2

Il sera ouvert par la Compagnie des Chemins de fer du Midi un compte spécial unique institué conformément aux dispositions de l'article 2 de la Convention du 27 mars 1914.

Le calcul de l'augmentation des recettes provenant des apports de trafic se fera pour l'ensemble des lignes successivement ouvertes et pour chaque exercice, en déduisant du montant des recettes (expéditions et arrivages) des gares de jonction du réseau du Midi avec les dites lignes pendant l'exercice considéré, la moyenne des recettes des trois exercices qui auront précédé la mise en exploitation de la première d'entre elles, toutes les recettes en question étant calculées sans majoration des tarifs de base. La différence résultant de cette comparaison sera multipliée par un coefficient obtenu en divisant le total des recettes de l'ensemble des lignes de la Compagnie du Midi pendant l'exercice considéré, compte tenu des majorations appliquées aux tarifs de base par le total des mêmes recettes calculées sans tenir compte desdites majorations.

Les dépenses et les recettes du compte spécial seront majorées de leurs intérêts à 3 ½ p. 100 l'an.

Art. 3

Lorsque, après la mise en exploitation des trois premières lignes, le compte spécial sera resté créditeur pendant cinq années consécutives, il sera provisoirement clos. Après cette clôture, la Compagnie des Chemins de fer du Midi portera à son compte annuel d'exploitation les dépenses devant résulter de l'avenant du 10 septembre 1926 à sa Convention du 12 novembre 1913 avec MM. Ortal et confondra dans l'ensemble de recette de son réseau le solde créditeur du compte, les augmentations de recettes de son réseau visées à l'article 2 ci-dessus, les remboursements qui seront effectués sur le montant de sa garantie, et enfin, la part qui lui reviendra dans les bénéfices des lignes qui font l'objet du présent avenant.

Si, postérieurement, tout ou partie des autres lignes faisant l'objet de la Convention de rétrocession du 12 novembre 1913 sont ouvertes à l'exploitation, le compte spécial sera rouvert pour l'ensemble de ces lignes et des trois premières et fonctionnera suivant les termes de l'avenant en prenant comme point de départ un débit et un crédit nuls à la date de réouverture.

ART. 4

Si l'Etat venait à racheter le réseau des Chemins de fer du Midi, il prendrait à sa charge, au lieu et place de la Compagnie des Chemins de fer du Midi, l'exécution du présent avenant et de l'avenant passé le 10 septembre 1926 entre ladite Compagnie et la Société Anonyme Ortal.

ART. 5

L'enregistrement du présent avenant et de l'avenant passé les 10 septembre 1926 et 25 avril 1927 entre la Compagnie des Chemins de fer du Midi et la Société Anonyme Ortal ne donnera lieu qu'à la perception du droit fixe de 6 fr. Les frais de timbre du présent avenant, les frais d'enregistrement et de publication au *Journal officiel* seront à la charge de la Société Anonyme Ortal.

Lu et approuvé :
Signé : TEISSIER.

Le Garde des Sceaux, Ministre de la Justice, Ministre des Travaux Publics, par intérim.
Louis BARTHOU.

NOTE

Les deux Avenants ci-dessus ont été approuvés par l'Assemblée générale extraordinaire du 27 avril 1928, comme suit :

L'Assemblée générale consultée :

1° *Approuve un avenant à la Convention du* 12 *novembre* 1913, *passé les* 10 *Septembre* 1926 *et* 25 *avril* 1927 *avec la Société Anonyme Ortal, et un avenant à la Convention du* 27 *mars* 1914, *passé le* 20 *septembre* 1926 *avec M. le Ministre des Travaux Publics, en vue de modifier les conditions de la garantie d'intérêt accordée à la Société Anonyme des Voies Ferrées Départementales du Midi pour le Réseau du Lot-et-Garonne.*

Lesdits avenants approuvés par un Décret du 30 *août* 1927.

2° *Donne tous pouvoirs au Conseil d'Administration pour assurer l'exécution desdits avenants.*

TABLE DES MATIÈRES [1]

(1) Voir Table Analytique page 1.

67502-5-28. — Paris, Imp. VILLAIN et BAR, 22, rue Dussoubs.

www.ingramcontent.com/pod-product-compliance
Ingram Content Group UK Ltd.
Pitfield, Milton Keynes, MK11 3LW, UK
UKHW021142260726
13994UKWH00001B/256